Hywel
EMRYS

I Ffion a Sam
(er cof am eu mam
Liz Emrys 1959 – 2015)

Hywel
EMRYS

Hunangofiant Dyn Lwcus

y**L**olfa

Argraffiad cyntaf: 2016

Dymuna'r cyhoeddwyr gydnabod cymorth ariannol
Cyngor Llyfrau Cymru

Llun y clawr: Catrin Arwel
Cynllun y clawr: Y Lolfa

Rhif Llyfr Rhyngwladol: 978 1 78461 331 0

Cyhoeddwyd, rhwymwyd ac argraffwyd yng Nghymru gan
Y Lolfa Cyf., Talybont, Ceredigion SY24 5HE
gwefan www.ylolfa.com
e-bost ylolfa@ylolfa.com
ffôn 01970 832 304
ffacs 832 782

Diolchiadau

HOFFWN DDIOLCH YN bennaf i Rob, fy mrawd, am ddarllen, cywiro a chynnig newidiadau i'r holl sgriblo gwreiddiol.

Diolch i Lefi (Y Lolfa) am ei gymorth ar ddechrau'r prosiect. Diolch anferth hefyd i Alun (Y Lolfa) am gymryd yr awenau oddi wrth Lefi a gorffen y daith.

Hebddoch chi'r 'Drindod' – fydde ddim cyfrol!

Yn ychwanegol, diolch i chi'r darllenwyr gan obeithio y gwnewch chi ei mwynhau. Rwy'n siŵr nad ydw i wedi cynnwys nifer o enwau a 'mod i wedi anghofio am lawer o helyntion, maddeuwch i fi am hyn. Diolch i chi i gyd sydd wedi chware rhan yn fy mywyd hyd yn hyn. Hebddoch chi fydden i ddim y person ydw i heddi. Dwi ddim yn berson perffaith o bell ffordd ond rydw i'n Gymro a ma' hynny'n ddigon i fi.

Hywel
Tachwedd 2016

5

Rhagair

CEFAIS Y FRAINT o adnabod rhieni Hywel, Emrys a Ray, pan oedd yntau'n grwt ysgol gynradd yng Nghaerfyrddin. Mae gennyf atgofion cyfoethog o'r seiadau croesawgar ac adeiladol a brofais ar aelwyd Brynsiriol.

Ymhen blynyddoedd wedyn yr adferais gysylltiad â Hywel pan own yn olygydd sgriptiau *Pobol y Cwm*. Erbyn hynny roedd Hywel Emrys wedi ymsefydlu fel actor adnabyddus a dawnus. Pleser bob amser oedd cydweithio ag ef er mwyn cyfleu straeon difrifol a doniol Derek, ac roedd ei agwedd gydwybodol broffesiynol at ei grefft yn sicrhau'n gyson berfformiad safonol a chofiadwy.

Ar ben hynny, etifeddodd Hywel ddiwylliant goleuedig ei rieni ynghyd â'u hynawsedd a'u hiwmor. A daeth ei gydnabod i edmygu dewrder ei deyrngarwch i'w ddiweddar briod, Liz.

T James Jones

PENNOD 1

Torcalon a Dewrder

AWST 2013. ROEDD fy ngwraig Liz wedi bod yn achwyn ers ychydig fisoedd bod rhywbeth o'i le ar ei haren dde.

Cadarnhaodd ein meddyg teulu, Gwilym Bowen, fod rhywbeth yn achosi rhwystr a bod *ultrasound* wedi dangos bod yr aren wedi chwyddo. Yn naturiol, roedd Liz yn becso cryn dipyn am y sefyllfa.

Roedd un o'm ffrindie, Aled Phillips, yn bennaeth yr adran Nephroleg yn Ysbyty'r Brifysgol Caerdydd. Rhoddes ganiad iddo a gofyn iddo gael gair gyda Liz i esmwytho ychydig ar ei nerfau. Dywedodd wrthyf y nele fe'n well na hynny a'n rhoi mewn cysylltiad ag un o'i 'fois gore' – ei eirie fe. Mewn ychydig ddyddie cawsom apwyntiad i weld Mr Coulthard, llawfeddyg ifanc a galluog ac fe gafodd Liz archwiliad mewnol trylwyr ganddo ac fe awgrymodd ei fod wedi teimlo tiwmor yn y perfedd. Ychydig ddyddie wedyn cawsom alwad i fynd i weld Miss Hargest, llawfeddyg profiadol oedd yn arbenigo mewn clefyde'r perfedd.

Aeth nyrs â ni i stafell fach heb ffenest a gofyn i ni eistedd tra bydde Miss Hargest yn edrych ar ganlyniade'r profion. Ar ôl ychydig fe ddaeth hi i mewn atom a dweud wrthym nad oedd y newyddion yn dda. Gofynnodd i Liz, "Is there any history of cancer in your family?". Doedd dim rhaid iddi ddweud mwy. Fe fostiodd Liz a finne mas i lefen yn syth. Ar ôl ychydig, dywedodd Miss Hargest y bydde angen i Liz gael colostomi, stent yn yr aren a biopsi. Dywedodd wrthym fod ganddi apwyntiad wedi'i ganslo'r peth cynta drannoeth ac y galle hi wneud y cyfan yn syth. Gofynnodd i Liz a oedd angen amser arni i feddwl cyn gwneud penderfyniad ac fe atebodd Liz yn ddewr iawn, "No! Let's do it".

Cafodd Liz ei throsglwyddo i ofal ward ar unwaith tra es i adre i bacio ychydig o bethe y bydde eu hangen arni ar gyfer y bore. Alla i ddim disgrifio'r siwrne nôl adre yn y car heb Liz. Rhaid fy mod wedi bod ar ryw fath o *auto-pilot*. Wrth ddewis gŵn nos, dillad isa a sebon ac yn y blaen fe dorres lawr yn ein stafell wely wrth gofio'r geirie ola ddwedodd Liz wrtha i cyn ei gadael ar y ward, "I don't want to die before my mum!". Roedd Molly, mam Liz, yn ein gofal gartref yn y tŷ a doedd hi'n gwybod dim am yr helyntion diweddar parthed iechyd ei hunig ferch.

Fore trannoeth cafodd Liz y driniaeth roedd angen arni ac yn y prynhawn fe es i'w gweld nôl ar y ward. Y peth cynta darodd fi oedd pa mor brydferth oedd hi ac ar ôl sgwrsio am ychydig dealles mor ddewr oedd hi hefyd. Roedd y biopsi yn cadarnhau bod ganddi *Squaemous Cancer*, cancr anghyffredin o'r perfedd. Bydde Miss Hargest yn ein rhoi mewn cysylltiad â thîm arbenigol yn Ysbyty Felindre, pobol ddaeth yn wynebe cyfarwydd ac yn ffrindie dros y ddwy flynedd nesa.

Ein hymgynghorwr cancr oedd Dr Richard Adams a'n nyrs arbenigol oedd Sara Davies. Fe gafodd Liz apwyntiad o fewn pythefnos i roi *picc line* yn ei braich. Wedi hyn roedd yn rhaid iddi wisgo pwmp llawn cyffurie cemo am ddeg wythnos er mwyn ceisio ymladd y clefyd a lleihau'r tiwmor.

Gorffennodd y driniaeth yn y flwyddyn newydd ac fe gawson ni newyddion cadarnhaol gan Dr Adams, "We are now in control of it!" Newyddion da, achos buodd Liz yn teimlo'n sâl iawn yn ystod cyfnod y driniaeth. Tua dechrau'r Haf 2014, dangosodd profion pellach fod y cancr wedi lledu – yr hyn a elwir yn *metatastic cancer*. Roedd y tiwmor wedi tyfu yn ôl ac roedd y cancr wedi symud i'r *lymph nodes* a thrwy hynny daethpwyd o hyd i olion bach o gancr ar yr ysgyfaint, yr afu a'r esgyrn. Roedd man bach ar y pelfis yn achosi pryder i'r arbenigwyr hefyd ac fe gafodd Liz gwrs o radiotherapi i 'doddi'r cancr' – geirie'r ymgynghorwr.

Penderfynwyd rhoi Liz ar gwrs arall deuddeg wythnos o gemotherapi gwahanol yn y gobaith y gallai hwnnw wneud gwahaniaeth. Roedd yn rhaid iddi fynychu'r CDU unwaith yr wythnos am driniaeth a fydde'n para rhyw bedair awr. Yn anffodus ni weithiodd hwnnw ac roeddem yn edrych i mewn i bydew tywyll du a dwfn. Roedden ni wedi penderfynu peidio gofyn y cwestiyne arferol megis 'How long?' 'Is it terminal?' a thrwy hynny roedden ni'n dal i fyw mewn gobaith y bydde gwellhad. Yn fwriadol edryches i ddim yn Google na'r cyfrifiadur gan nad own i am weld y posibiliade negyddol.

Yn ystod y cyfnod yma hefyd bu'n rhaid i Liz gael stent arall yn yr aren dde ac un ychwanegol yn ei haren chwith. Dioddefai o anaemia ac roedd yn rhaid iddi gael sawl trallwysiad gwaed hefyd i atgyfnerthu ei chorff. Ar ben hyn i gyd roedd y drafferth gyda'i harennau a'r *lymph system* wedi achosi chwyddiant aruthrol yn ei choese. Yr hyn a elwir yn Lymphoedema.

Daeth diwedd yr Haf 2014 ac fe symudon ni i mewn i'r Hydref. Awgrymodd Dr Adams yr hoffai roi cynnig ar gyffurie arbrofol yn yr uned cemo, i weld a fydde hynny yn cynnig mwy o help i Liz. Roedd y gair 'arbrofol' yn arwydd arall ein bod yn dod i derfyn y frwydr. Anwybyddon ni hynny a daliai Liz a finne i fyw mewn gobaith.

Fe gafodd Liz gwrs deuddeg wythnos arall o'r cemo ac fe gyrhaeddon ni'r flwyddyn newydd yn 2015. Ond newyddion drwg gawson ni unwaith eto. Doedd y driniaeth ddim wedi gweithio. Erbyn hyn roedd Liz wedi colli lot o bwyse ond roedd ei choese wedi chwyddo i dair gwaith y maint y dylen nhw fod. Cafodd hefyd fwy o drafferthion gyda'r cancr yn yr esgyrn ac fe ddioddefodd sawl cwrs arall o radiotherapi ar ben y cyfan.

Arhosodd Dr Adams i gorff Liz ddod dros yr holl driniaethe

hyn ac ym mis Mai fe gynigodd un rownd arall o gemotherapi gwahanol. Yn y cyfamser roedd profion gwaed Liz yn dangos lefele peryglus o gemege yn y corff. Roedd yn rhaid aros i'r rheini leihau cyn y gallen ni fynd ymlaen â chael rhagor o gemotherapi. Probleme arennau Liz oedd yn achosi hyn a doedd e ddim yn sioc pan ddywedodd Dr Adams ddechre mis Gorffennaf y dylai Liz ddod i mewn i'r ward yn Felindre i gael mwy o waed a *re-hydration therapy*. Ddaeth hi ddim adre ar ôl hynny.

Gobaith mawr Liz oedd y bydde hi'n gallu marw'n dawel yn ei gwely ei hunan. Cawson ni gyfarfod wedi'i drefnu yn Felindre i weld beth gellid cael ei drefnu gartre i hwyluso dymuniad Liz. Roedd prif nyrs y ward, aelod o'r tîm *occupational health* a nyrs triniaeth cemo yn y cyfarfod, a minne yno ar fy mhen fy hunan gan eu bod nhw wedi mynd â Liz yn ei gwely am driniaeth frys radiotherapi. Tra oedd Liz yn cael y driniaeth fe ddywedodd y prif nyrs wrtha i "You, do realise, that she'll be coming home to die?" Dyna'r foment a wnaeth ddinistrio'r hynny o obaith oedd gen i ar ôl. Roedd dewrder a chryfder Liz yn erbyn yr holl ffactore wedi bod o help i fi ddal i obeithio y bydde hi'n byw am ychydig flynyddoedd yn hirach. Wedi'r cyfan roedden ni ar ganol adnewyddu ein cartre yn y cefen a'r holl freuddwydion 'da ni am fwynhau ystafell wely newydd grand.

Pan ddaeth Liz i'r cyfarfod yn ei gwely, anodd iawn oedd rheoli fy nheimlade wrth i ni drafod cael hoist iddi ar gyfer y bàth newydd sbon adre ac offer i wireddu ei dymuniad o ddod adref. Y diwrnod canlynol fe benderfynwyd nad oedd Liz yn ddigon iach i'w symud o Felindre ac fe'i symudwyd i ward unigol mas o'r brif ward. "They've brought me here to die" dywedodd Liz. "You shouldn't have complained about the other patients snoring," oedd fy ateb. Roedd y wên ar ei hwyneb yn llosgi twll enfawr yn fy nghalon.

Dathlodd Liz ei phen-blwydd yn 56 ar y 19 Gorffennaf.

Erbyn y 26ain roedd hi wedi syrthio i goma trwm. Ar y diwrnod hwnnw fe berswadiodd fy mrawd fi i ofyn i'r caplan yn Felindre ddod i weld Liz. Fe berfformiodd yntau'r defodau olaf iddi. Menyw stwbwrn oedd Liz weithie ac fe benderfynodd nad oedd hi'n barod i ymadael â'r hen fyd yma am o leia bum niwrnod arall.

Bu Liz farw'n dawel am 7.20 pm ar nos Wener y 31 Gorffennaf 2015. Rown i, Ffion fy merch a Meg, cariad fy mab Sam gyda hi pan fuodd hi farw. Yn ystod ei diwrnode olaf cafon ni, fel teulu, gwmni fy mrawd Rob, ei wraig Branwen a'u mab Joseff. Bu cyn-gariad Ffion, Ben, yn ffyddlon hefyd.

Digwyddodd dau beth rhyfeddol tra oedd Liz mewn coma. Yn gyntaf, fe gafodd Ffion ganiatâd arbennig gan ei choleg i gael ei chanlyniad gradd. Aeth lan at y gwely a dweud wrth ei mam, "Mum, I got a first class honours!" Gwaeddodd Liz megis cowboy, "Yee-ha!" Prawf bod y sawl sy mewn coma yn clywed popeth. Yr ail beth, oedd i Liz ddechrau canu, 'Where's my Pippa? Where's my Pippa?' yn ei thrwmgwsg. Pippa yw ci Meg. Hanner Pyg a hanner Jack Russel annwyl o gi ac roedd Liz a hithe'n dipyn o bartners.

Dwy flynedd o driniaethe, apwyntiade, lot o chwerthin a sawl deigryn. Cyfle amhrisiadwy i siarad a chryfhau'n perthynas. Diolch i Liz am ei chryfder, ei dewrder ac yn benna ei hiwmor iach yn ystod y cyfnod anodd yma. Menyw unigryw.

Gan fod Liz wedi marw ar nos Wener roedd rhaid aros tan y dydd Llun i gael tystysgrif marwolaeth. Roedd hi'n agos at bythefnos arall tan yr angladd. Ar 13 Awst fe ddaeth tua thri chant o bobol i Gapel y Wenallt, Amlosgfa Thornhill i dalu teyrnged ac i ffarwelio â Liz. Yn ôl ei dymuniad roedd pawb yn gwisgo dillad lliwgar. Roedd y gwasanaeth, hefyd yn ôl ei dymuniad, yng ngofal ein ffrindiau agos, y Parchedig Gwyn Elfyn Jones ac Alun Lenny. Fe wnaeth fy nghyfaill annwyl Rob Nicholls chwarae'r organ. Roedd yn wasanaeth hyfryd a pharchus ac roedd yn braf gweld gymaint o wynebe cyfarwydd yno gan gynnwys llu o gyn-gydweithwyr Liz yn ystod pob adeg o'i gyrfa.

Gofynnodd Liz i fi draethu'r folawd iddi yn yr angladd. Ces sawl rhybudd i beidio â gwneud. "Alli di sgrifennu fe. Wna i 'i ddarllen e drosot ti," oedd geirie 'mrawd. Wrth fynd dros yr hyn a ysgrifennes, methes bob tro cyn yr angladd â gorffen y darn heb lefen. Cytunodd fy mrawd y dylwn roi cynnig arni, ac fe fydde fe 'ar y fainc' fel petai, 'sen i'n mynd i drafferthion.

Ar y diwrnod, fe lwyddes fynd trwyddi a dim ond un lwmp yn y gwddw wrth ffarwelio â Liz ar y diwedd. Dywedodd fy mrawd ei fod yn credu bod Nhad wrth 'yn ysgwydd i yn ystod fy araith. Falle'i fod e'n iawn. Ond yn sicr roedd Liz yno yn gwrando ar bob gair.

Pennod 2

Mab y Mans

Ganed John Hywel Jones yn Ysbyty'r Priordy, Caerfyrddin, ar yr 20fed Rhagfyr 1955. Ail fab i'r Parchedig Emrys Jones a Ray Jones. Cafodd fy mrawd, Robert Huw Jones, ei eni yn 1944, ddeuddeng mlynedd namyn pythefnos yn gynharach. Roedd y bwlch yn un enfawr am flynyddoedd ond wrth dyfu'n hŷn fe wnaeth y bwlch leihau cryn dipyn.

Pan oedd fy mrawd yn 18 roedd ei frawd bach yn dipyn o broblem, gallen i feddwl. Ond pan oedd yn 50 a'i frawd yn 38 roedd chwarae golff a chymdeithasu gyda'r brawd bach yn haws wrth reswm ac erbyn hyn rydyn ni'n agos iawn. Pan own yn iau – a hyd yn oed heddiw – mae Rob wedi bod fel ail dad i fi ac mae'n dal i fod. Yn ystod cystudd hir a phoenus Liz roedd Rob yn graig o gefnogaeth ac yno bob amser i gynnig cyngor ac i sychu'r dagrau. Allen i byth fod wedi gofyn am well brawd. Mae fy nyled iddo'n enfawr.

Roedd cael fy magu ar aelwyd y Mans, Brynsiriol, Heol y Coleg yn gyfnod hapus iawn. Ces fagwraeth heb ei hail ac erbyn hyn rwy'n sylweddoli mor lwcus own i i gael fy magu mewn awyrgylch gariadus a gofalus, yn wir roedd yn anrhydedd. Bydda i'n meddwl yn aml am fy nhad a 'sen i'n rhoi unrhyw beth i gael cyfle i sgwrsio gydag e nawr. Wedi cael profiad o'r hen fyd yma bydde gen i fwy o bethe i'w drafod gydag e. Roedd ganddo feddwl craff a miniog, yn ddyn annwyl, llawn hiwmor ac fe fydde'r un mor gyffyrddus yn siarad â'r Pab ac â'r dyn casglu lludw. 'Sdim dowt da fi y llwyddai i gael y ddau i chwerthin yn braf. Colles fy nhad a finne yn 25 oed, ond yn berson digon anaeddfed hyd yn oed bryd hynny. Rwy'n gobeithio 'mod i wedi aeddfedu cryn dipyn ers hynny ac fe fyddwn yn siŵr o gael sgyrsie difyr gydag e nawr pe bai'n dal gyda ni.

Yn fachgen ifanc tair ar ddeg oed, roedd fy nhad yn gweithio yng ngwaith Glo'r Emlyn ym Mhen-y-groes, fel ei dad a'i frodyr. Yno, fe ddaeth i sylweddoli bod amgylchiade bywyd yn gorfodi dynion galluog a chraff i weithio o dan ddaear heb unrhyw ffordd o wella'u byd. Drwy anogaeth Oliver Emaniwel, ysgrifennydd y capel, aeth i ddosbarthiade nos ac ennill ysgoloriaeth i Goleg Fircroft, Birmingham, i astudio ar gyfer y Matric gan nad oedd ganddo gymwystere ffurfiol academaidd. Llwyddodd i'w pasio mewn blwyddyn ac yna aeth i Brifysgol Abertawe i ddarllen Cymraeg. Graddiodd ymhen tair blynedd ac ennill ysgoloriaeth i Goleg yr Iesu yn Rhydychen i ddarllen diwinyddiaeth. Daeth yn ail ym Mhrydain Fawr yn yr arholiad, testun balchder i'w rieni a'r teulu oll. Yn anffodus, daeth y dirwasgiad ac ni wnaeth dderbyn y gefnogaeth ariannol a addawyd iddo yn yr ysgoloriaeth. Nid oedd modd iddo gynnal ei hunan yn Rhydychen, felly aeth i Goleg Coffa'r Annibynwyr yn Aberhonddu i astudio ar gyfer gradd BD; bryd hynny gradd uwch oedd BD yn agored i raddedigion yn unig. Ar ôl graddio yn 1940 cafodd ei ordeinio'n weinidog yng nghapel Ebeneser, Tylorstown, a bu'n hapus iawn yno ymhlith y glowyr. Yn 1947 symudodd yn agosach at gartre i gapel Tabernacl, Cwm-gors, cyn cael yr anrhydedd o ddilyn y Parch Dyfnallt Owen fel gweinidog capel Heol Awst, Caerfyrddin.

Cafodd Mam ei geni yn 1913 yn ferch i Sam ac Edith Roberts a chwaer hŷn i Tomi. Roedd ei hewythr, Tom Hughes Griffiths, yn byw ar yr aelwyd pan oedd hi'n ferch ifanc, ond aeth e i astudio yn yr Almaen yn y 30au gan ennill doethuriaeth yn yr iaith Almaeneg. Priododd â Julia Michal, merch o Rothenburg, Bavaria. Roedd tad-cu Mam, Jeremiah Griffiths, sef brawd

Tom, hefyd yn byw ar yr aelwyd ac yn swyddog yn y gwaith glo yng Nghaer Bryn ond câi ei adnabod fel crachfeddyg (*quack doctor*). Bydde'n tyfu a chasglu llysie i wneud gwahanol fathe o eli a bydde pobl yn teithio o bellter ato i gael triniaeth, yn enwedig am ffelwm neu losg tân. Roedd Mam hefyd yn nith i Jim Griffiths, aelod seneddol y Blaid Lafur dros Llanelli ar ddiwedd y 30au hyd at 1970.

Ar ôl mynychu ysgol ramadeg Rhydaman aeth hi i goleg Portsmouth i hyfforddi fel athrawes ac wedi gorffen ei chwrs yn 1934 derbyniodd swydd fel athrawes gynradd yn Edgeware, Llundain. Mae'n debyg iddi fod yn athrawes hynod o greadigol ac effeithiol a daeth i sylw'r Cyfarwyddwr Addysg yno. Roedd ef yn awyddus iddi barhau â'i gyrfa yno ond dychwelodd i Gymru i briodi Dad ac yn 1944 symudodd y ddau i fyw yn Tylorstown, Rhondda, lle roedd dad yn weinidog yn Ebeneser, capel yr Annibynwyr.

Wedi symud i Gaerfyrddin ar ddechre'r 50au daeth yn ffrind agos i Irene Williams, gwraig y Parch. Cyril Williams, gweinidog capel Y Priordy, cyfeillgarwch a barhaodd tan i Mam farw yn 1990. Penderfynodd y ddwy fynd ati i gefnogi mudiad Cymorth Cristnogol gan drefnu mynd mas â bocsys casglu arian ar hyd strydoedd y dref yn ystod yr wythnos Cymorth Cristnogol gyntaf yn 1957. Mae Rob yn cofio'r ddwy ar eu pengliniau ar lawr y stydi ym Mrynsiriol yng nghanol môr o geinioge, gydag ambell bishyn tair neu bishyn chwech yn eu plith, yn eu rhifo a'u gosod mewn pentyrre. Un fel 'na oedd Mam, yn barod ei gwasanaeth gan roi o'i hamser er mwyn cynnig help i bob truan ac i bob achos da. 'Sdim rhyfedd ei bod mor uchel ei pharch nid yn unig yn y dre ond hefyd ymhlith Annibynwyr Cymru. Enillodd yr un parch hefyd fel Ynad Heddwch er yn aml câi hi'n anodd cysoni gofynion y gyfraith a'i thosturi tuag at y trueiniaid fydde'n ymddangos ger ei bron.

Sylweddolaf erbyn hyn i fi golli cyfle i siarad gyda Nhad am bethe pwysig bywyd ond rwy'n ddiolchgar i fi gael y cyfle i siarad gyda Mam am y materion hynny. Buom sawl tro'n siarad tan orie mân y bore am wleidyddiaeth, crefydd a sawl mater arall. Daeth yn glir i fi fod Mam 'run mor alluog â Nhad, yr un donie a'r un ffydd ddofn. Dyna pam gwnaeth hi a Nhad lwyddo i greu'r bartneriaeth berffaith yn y Mans. Roedd hi'n weithgar tu hwnt yn y capel ac yn gefnogaeth amhrisiadwy i Nhad. 'Two for the price of one!' I blentyn bach roedd mynd i'r capel bob bore, prynhawn a nos Sul yn galler bod yn ddiflas. Byddwn yn mynd gyda Nhad i gyfarfodydd gweddi ar nosweithie Mawrth hefyd. Roedd rheini'n annioddefol! Rwy'n cofio i fi ddarllen cyfresi *Secret Seven* a *Famous Five* Enid Blyton i gyd yn y sêt wrth ochr fy mam yn y cwrdd nos Sul. Diolch i Ms Blyton am leddfu ychydig ar y poendod o fynd i'r capel gyda'r nos. Dodd hi ddim bob amser yn boendod, serch hynny, gan y bydde cyfle i fynd nôl i'r festri ar ôl y cwrdd cymundeb i yfed y 'gwin' a bwyta'r bara oedd ar ôl.

Roedd y partïon Nadolig bob amser yn hwyl. Y wefr wrth glywed clyche car llusg Siôn Corn yn cyrraedd. Gweld Siôn Corn yn dod trwy ddrws cefen y festri, tan i fi sylweddoli yn ddeg oed mai Tom Bowen, un o ddiaconiaid y capel, oedd yn gwisgo'r got goch! Rown yn dal i gredu mewn Siôn Corn am sbel ar ôl hynny am fod Mam wedi fy argyhoeddi bod Tom Bowen yn helpu Siôn Corn bob blwyddyn gan ei fod mor brysur ym Mhegwn y Gogledd. Erbyn hyn mae Amazon ac Argos yn fwy o help na fuodd Tom Bowen erioed. Ond chwarae teg iddo am helpu gwneud shwd gyment o blant Capel Heol Awst mor hapus.

Yn 1966 daeth newid mawr i feibion y mans gan i Rob ac Eirian Davies briodi ym mis Awst a Nhad oedd y gweinidog. Yna ym mis Medi fe es gyda fy rhieni i fyw yn Detroit yn yr Unol Daleithiau wedi i Nhad dderbyn gwahoddiad i fynd yn weinidog am flwyddyn i Eglwys Breshyteraidd Gymraeg Detroit.

Dyna brofiad anhygoel. Byddai gwasanaeth yn yr iaith

Gymraeg yn y bore am un ar ddeg, yna âi pawb i lawr i'r 'basement' (mae hon yn stafell bwysig i Americanwyr) i ginio a chymdeithasu, yna gwasanaeth y prynhawn am un o'r gloch. Roedd nifer helaeth o aelodau'r prynhawn yn bobol dduon 'downtown Detroit' a braf oedd gweld pawb yn cyd-dynnu mor dda. Doedd y Cymry alltud ddim wedi aberthu eu natur groesawgar, mae'n amlwg. Gofynnwyd i Nhad, pan oedden ni yno, a fydde fe'n fodlon aros am bedair blynedd ychwanegol. Pe bai wedi derbyn y cynnig bydde 'mywyd innau wedi dilyn llwybr tra gwahanol, dybiwn i.

Un atgof doniol o'r capel yn Detroit sy wedi'i serio ar fy nghof yw'r tân! Roedd fy nhad yn hoff iawn o smygu pib, yn wir ces fy magu yng nghwmni cymyle o fwg yn y car ac yn y tŷ. Tra oedd fy nhad yng nghanol ei bregeth un prynhawn, fe sylwes i a Mam fod mwg yn codi o'r tu ôl i'r pulpud. Ceisiodd Mam dynnu ei sylw a methu, felly roedd yn rhaid iddi godi a dweud wrth un o'r diaconiaid fynd i'r pulpud a dweud wrth Dad ei fod 'ar dân'. Roedd wedi anghofio diffodd ei bib ar ôl cinio ac roedd ei boced wedi dechrau llosgi! Wrth gwrs, roedd y sgwrs tu fas i'r eglwys ar ôl y gwasanaeth i gyd am yr helynt hwnnw a phrin y bydde neb yn cofio testun y bregeth. Dylse fod yn gwybod yn well oherwydd digwyddodd yr union 'run peth rai blynyddoedd yn gynt yn ysbyty Glangwili, Caerfyrddin, pan oedd yn ymweld ag un o'r aelodau. Rhedodd nyrs ar ei ôl gan weiddi "Mr Jones, ry'ch chi ar dân!" Does neb yn gallu meddwl am Nhad heb feddwl am ei bib; roedd Nhad a'i bib yn anwahanadwy.

Sdim rhyfedd ei fod mor boblogaidd fel gweinidog ac fel cyfaill gan y gallai fod yn adloniant pur. Bydde ei ffrindie'n dweud amdano ei fod yn gallu newid yr hinsawdd mewn ystafell mewn eiliad; fel y dywedodd un ffrind amdano 'Pan fydde Em yn cyrraedd bydde gwên ar wyneb pawb.' Fel Em y câi ei adnabod gan y teulu a'i ffrindie ac roedd yr enw'n ei siwtio i'r dim. Fel dywedodd ei gyfaill, Hilda Ithel, amdano mewn erthygl er cof amdano yn *Y Cristion*, 'Os bu 'na *em* erioed!'

Sbel ar ôl dod nôl o America aeth Nhad a finne lan i Lundain gyda'n gilydd. Yn 1972 roedd yr Amgueddfa Brydeinig yn arddangos trysore Tutankhamun. Roedd Nhad yn casáu ciwio am unrhyw beth ond fe ddangosodd amynedd anghyffredin y diwrnod hwnnw wrth aros am bedair awr i ga'l mynediad i'r arddangosfa. Wrth i ni fynd i mewn fe ddiflannodd Nhad. Er yr holl drysore oedd o'n hamgylch ni, aeth e'n syth i'r cefen i weld y masg angladdol enwog. Buodd yn syllu arno am dros chwarter awr a mwy, fel petai e wedi ca'l ei swyno. Rwy'n deall erbyn hyn taw ei ddawn greadigol oedd ar waith achos ychydig wythnose'n ddiweddarach fe draethodd y bregeth honno sydd wedi aros yn 'y nghof i hyd y dydd heddi. Ei destun oedd bedd Tutankhamen a'i neges oedd cymaint yn fwy gwerthfawr oedd trysor y bedd gwag. Pregethwr grymus, ac un uchel iawn ei barch ymhlith Annibynwyr Cymru, yn ddiddadl. Ond, meddech chi, rwyt ti'n fab iddo fe a dwyt ti'n bell o fod yn ddiduedd... ond rwy'n gwneud y gosodiad yn hyderus gan taw dyna farn gymaint o bobol a gwrddes ar hyd y blynyddoedd a oedd wedi clywed Nhad yn pregethu. Roedd eu barn nhw'n ddigon tebyg i fy narlun i ohono.

Y tu ôl i bob gweinidog llwyddiannus mae gwraig. Roedd Mam yn fenyw annwyl ac yn gorfod dioddef delio â gwylltineb Nhad. Nid gwylltineb cas mewn unrhyw ffordd ond bydde fe'n galler bod yn fyrbwyll ac yn ddiamynedd (oddi wrtho fe ces i'r elfen 'na te?). Hyd heddiw daw pobol ata i i siarad amdanynt. Bydde eu ffrindie yn cael yr un croeso ar ein haelwyd ni ag y celen ni yn eu cartrefi nhw. Cyfeirio ydw i at: yr Athro Cyril Williams, Irene a'u meibion Martyn ac Eirian; y Parchedig Dewi Eurig Davies, Emily a'u meibion, Aled a Huw; y Parchedig Huw Ethall, Hilda a'u merched, Rhian a Siân; teulu'r Parchedig Moelwyn Daniel a Hettie a'u plant Elfrys, Alun, Rhun, Meinir ac Emyr. Mae eu hanes nhw wedi'i blethu yn fy hanes i, fel y gwelwch wrth ddarllen y gyfrol hon. Yn wir fy nghyfeillgarwch â Siân Ithel arweiniodd at ddarganfod y trysor mwyaf yn fy mywyd – Liz.

Daeth fy nghysylltiad agos â'r capel i ben ar ôl dod nôl gartre o Detroit a finne'n mynd fel myfyriwr ifanc i Goleg Llanymddyfri. Am addysg!

PENNOD 3

Gee, Hi Rob!

YCHYDIG FLYNYDDOEDD YN ôl, ces y fraint o fod yn ŵr gwadd mewn cinio aduniad cyn-ddisgyblion Ysgol Gynradd Gymraeg, Caerfyrddin, sef Ysgol y Dderwen erbyn hyn. Yn y cinio hwnnw ces wybod i Nhad fod yn aelod blaenllaw ac yn gadeirydd ar y pwyllgor a frwydrodd dros sefydlu'r ysgol Gymraeg yng Nghaerfyrddin yn y 50au. Cawson nhw lwyddiant mawr ac i'r ysgol honno es i'n grwtyn bach pedair oed. Mae gen i lu o atgofion melys am Ysgol Gymraeg Pentre-poeth, Caerfyrddin.

Yn yr ysgol honno dysges am yr annhegwch mawr yn statws swyddogol yr iaith Gymraeg o'i gymharu â'r Saesneg. Roedden ni'n rhannu adeilad gydag Ysgol Gynradd Saesneg Pentre-poeth. Yn nhai bach y bechgyn roedd yna bump ciwbicl ac ar ddryse tri ohonyn nhw roedd y gair *English* wedi ca'l ei beintio mewn coch. Dim ond ar ddau ddrws roedd y gair *Welsh* wedi'i beintio!

Er yr annhegwch ieithyddol, ysgol hapus iawn oedd Pentre-poeth. Rwy'n dal i gofio enwe'r cyd-ddisgyblion yn yr un flwyddyn â fi ac yn dal mewn cysylltiad ag ambell un ohonyn nhw heddiw, diolch yn benna i FaceBook. Y rhai rwy'n eu cofio'n dda yw Huw James, Eifion Daniels, Gwenda Phillips, Emyr Davies, Averina Rees, Andrew Phillips, Ann Williams a Huw Evans. Ymddiheuriadau os ydw i wedi anghofio rhai eraill.

Yn ystod fy nghyfnod yn Ysgol Pentrepoeth, aeth Y Parchedig Dewi Eurig Davies mas i ddarlithio yn Virginia,

UDA. Tra oedd e yno fe losgodd Emily, ei wraig, ei hwyneb mewn damwain wrth ddefnyddio sosban tsips yn ei chartre yn Llanbrynmair. Yn hytrach na galw Dewi yn ôl yr holl ffordd o'r Amerig, fe gynigodd Mam fod Emily a'r bois yn dod aton ni yng Nghaerfyrddin i aros, er mwyn iddi hi ga'l nyrsio Emily. Am tua deufis felly roedd 'da fi ffrindie bach newydd yn yr ysgol, Huw ac Aled Eurig. Rwy'n cofio bod Rob, fy mrawd, wedi'u swyno drwy wneud bobo fwa a saeth iddyn nhw mas o frige coed a chordyn. Mae Aled, Huw a finne'n dal i ystyried ein hunain yn 'gefndryd' hyd heddiw.

Y prifathro oedd John 'Bach' Phillips. Prin, ar y pryd, rown i'n dychmygu y bydde fe'n ymddangos yng Nghwmderi fel tad i Eileen. Prifathro teg iawn, er fe ges fy ngorfodi sawl tro i sefyll o'i flaen yn ystafell y prifathro am ryw drosedd fach ddibwys. Rwy'n cofio'r gansen yn y gornel, ond chafodd honno mo'i defnyddio trwy wbod i fi. Roedd y ffaith ei bod hi yno'n ddigon i godi arswyd. Miss Davies, Miss Thomas a Mrs Enid Jones oedd fy athrawon a mawr yw fy nyled iddyn nhw am wneud y profiade cynnar ym myd addysg yn rhai pleserus.

Rwy'n cofio bwyd y cantîn yn dda iawn. Bydden ni'n ca'l Jam Roly-Poly, Spotted Dick a semolina neu bwdin reis gyda jam yn dilyn cinio cig rhost, neu Cottage Pie ac ar ddydd Gwener, pysgodyn a tsips. Bydde plant y dosbarth ucha yn ca'l *seconds* ac rown i'n edrych ymlaen felly at gyrraedd y dosbarth *eleven plus* yn fwy na dim yn yr ysgol fach.

Ni wireddwyd y freuddwyd. Fe dreulies y flwyddyn honno yn Ysgol Monnier Junior High yn Detroit. Pan wedodd Mam a Dad wrtha i ein bod ni'n mynd mas i America, gwrthodes i'n bendant am y rheswm syml na chawn fwynhau'r bwyd ychwanegol yng nghantîn Pentre-poeth. Wir! Bellach nid yw adeilad Pentre-poeth yn bodoli ac fe symudodd yr ysgol yn ystod fy mlwyddyn yn Detroit i adeilad newydd. Newidiwyd enw'r ysgol hefyd i Ysgol y Dderwen, ond Pentre-poeth fydd yr ysgol Gymraeg i fi yng Nghaerfyrddin tra bydda i.

Fel y gallwch ddychmygu roedd colli'r flwyddyn *eleven plus* yn benbleth i Mam a Dad. Yr arholiad hwnnw fydde'n penderfynu a fyddwn i'n ca'l mynd i'r Gram ai peidio. Cyn mynd i America, aeth fy nhad â fi i Gefneithin i gyfarfod â gŵr o'r enw Carwyn James. Roedd Carwyn wedi siarad gyda Nhad ac wedi awgrymu y dylen i sefyll arholiad arbennig am ysgoloriaeth i Goleg Llanymddyfri; y *Carmarthen Six*. Câi chwech o fechgyn le yn yr ysgol fonedd yn ôl siarter arbennig y Coleg, arfer gafodd ei sefydlu'r un pryd â'r ysgol ei hunan.

Sefes i'r arholiad Cymraeg a Saesneg yn ystafell y brifathrawes yn Ysgol Monnier Detroit – fi oedd yr unig ddisgybl i sefyll arholiad yn y Gymraeg yn yr ysgol honno, siŵr o fod. Fe lwyddes i ennill yr ysgoloriaeth, felly i Lanymddyfri y byddwn yn dychwelyd ar ôl yr antur yn America yn hytrach nag i Ysgol Ramadeg y Frenhines Elisabeth i Fechgyn yng Nghaerfyrddin.

Yn Detroit roedd yr ysgol yn dra gwahanol i Bentre-poeth. Saesneg, yn naturiol, oedd yr iaith ac fel sy'n gyffredin i Americanwyr roedden nhw'n ca'l trafferth ynganu Hywel yn gywir. Felly John fues i fan'no, John Jones. Doedd dim cantîn yn yr ysgol, felly byddwn yn mynd i'r ysgol bob dydd gyda fy nghinio mewn bocs bwyd Batman. Rwy'n galler blasu brechdane caws a thomato Mam nawr. Hefyd yn hytrach na gwasanaeth boreol bydde'n rhaid i ni sefyll o flaen *old glory* baner yr UDA ac adrodd gyda'n gilydd, 'I pledge allegiance to the flag of the United States of America, and to the Republic for which it stands, one Nation under God, indivisible, with liberty and justice for all.' Fy ffrindie gore yn yr ysgol oedd Kenny Glover, Lammar DeSalle, Susan Kushner a Debbie Mazurek. Mr Gapper oedd fy hoff athro, ond dwi ddim yn cofio unrhyw enwe erill.

Ym mis Hydref 2014, gan nad oedd dim byd gwell 'da fi wneud, fe es at y cyfrifiadur a theipio Monnier Junior High Detroit ar dudalen archwilio Google. Des o hyd i wefan yr ysgol ac fe gliciais ar y ddolen Alumni. Yno, o dan 1966-67 roedd yr enw Debbie Mazurek Bressman. Teipies yr enw hwnnw yn y blwch chwilio ar Facebook ac fe ymddangosodd yr enw gyda'r ategiad, Detroit Michigan. Tybed ai hi oedd fy ffrind yn yr ysgol? Anfones neges ati, oddi wrth John Jones wrth gwrs, a disgwyl yn eiddgar am ateb, ond dim lwc!.

Tua chwe mis yn ddiweddarach fodd bynnag fe ddaeth neges i fi ar Facebook oddi wrth Debbie Mazurek Bressman. 'Ha ha! I am so sorry, as I just now saw this message. I guess when you receive a message from someone who you are not friends with on FB, it goes into another folder, and I seem to never remember to check that. Yes, I do remember you. John Jones, you led us crazy Monkees fans to believe that you were related to Davy Jones! (You had that cute Beatle-like haircut). Good times. I remember you always made us laugh. I do remember a few classmates from Monnier, but not many. Where are you living now? I hope life is treating you well. Thanks for connecting with me. What a pleasant surprise. Debbie'.

Pan ddarllenes y darn am Y Monkees, rown i'n gwbod taw hi oedd fy ffrind bach ysgol. Rown i wedi anghofio am hynny yn llwyr... ac fe dda'th yr holl beth nôl i'r cof; y Show & Tell am Gymru, y mathemateg rhyfedd, y gwersi gêmau pêl-fasged a baseball. Amser difyr.

Na, down i ddim eisie mynd i America ond pan dda'th yn adeg ffarwelio â Detroit, down i ddim eisie mynd nôl i Gymru chwaith. Cafodd Mam a Dad sawl cynnig i adael fi yno gyda ffrindie. 'We'll put him through college. He can have our condo...' ac yn y blaen. Ond nôl gatre roedd Mam a Dad eisie i fi fod. Bydd rhai o'n ffrindie i heddi siŵr o fod yn dweud y dyle'n rhieni fod wedi 'ngadael i yno. Duw a ŵyr ble fydden i nawr a beth fydden i wedi wneud pe tawn i wedi aros yn America.

Fe gafodd y pymtheg mis ei effaith cofiwch. Stori mae fy mrawd Rob yn hoff o'i hadrodd yw'r diwrnod daeth e a'i wraig

Eirian lan i Lerpwl i gasglu Mam a Dad a finne. Roedden ni wedi hwylio nôl o America ar yr Empress Of Canada a phan gyrhaeddodd Rob, roedd Mam a Dad wedi mynd i swyddfa'r 'burser' i gyfnewid doleri am bunnoedd gan 'y ngadael ar ben fy hunan yn y caban. Wrth i Rob gamu drwy'r drws mae'n debyg i fi weud wrtho mewn acen gref, Americanaidd, "Gee, Hi Rob!" Halodd hi sbel i fi ga'l gwared ar yr acen 'na. Roedd ambell athro yn Llanymddyfri yn credu taw Americanwr own i. Gwnaeth un ohonyn nhw ddymuno'n dda i fi ar 'y nhaith nôl i America a hynny ar ddiwedd fy saith mlynedd yno. Rhaid bod yr acen yn un drwchus iawn i bawb felly.

Cyrhaeddes Goleg Llanymddyfri ym mis Tachwedd 1967. Rown i wedi colli tua chwe wythnos o wersi, felly roedd 'da fi lawer o waith i'w wneud er mwyn cwblhau'r gwaith a golles. Dechrau gwael. A bod yn onest fues i ddim yn hapus yn Llanymddyfri am gyfnod hir. Cawn fy mwlio droeon a dim ond yn Fform 5 ces i unrhyw foddhad o fod yn yr ysgol fonedd yma yn Sir Gâr.

Roedd yna, wrth gwrs, amseroedd da ymysg y cyfnode gwael. Fy athro Cymraeg oedd Carwyn James a bydde fe hefyd yn cin cymryd mewn ambell wers rygbi. Down i ddim yn hoffi rygbi ar y pryd, achos bob tro'r elen i daclo rhywun o'r tu ôl, byddwn i bob amser yn ca'l cagid yn fy wyneb. Geirie doeth Carwyn wnaeth i fi fwynhau'r elfen yna o'r gêm yn y diwedd. Dysgodd fi sut i redeg o'r tu ôl, ond ychydig i'r ochr i'r chwaraewr o 'mla'n i. Haws ei dynnu i'r llawr wedyn heb ga'l yr hen gic yn y tsiops. Ei lysenw arna i oedd Chicago Jones. Er nad ethon ni'n agos i Chicago tra oedden ni yn America rown i'n falch iawn o'r enw achos yr agosatrwydd roedd yn ei gyfleu. Un fel 'na oedd Carwyn, roedd ganddo'r ddawn i wneud i bawb deimlo'n sbesial.

Stori arall am Carwyn James sy'n aros yn y cof: flynyddoedd wedi gadael Llanymddyfri ac wedi dechre ar fy ngyrfa dysgu, roedd ffrind i fi, Richie Randall, a finne ar y ffordd i dafarn Y Claude yng Nghaerdydd. Yn cerdded ar yr ochr arall i'r ffordd roedd Carwyn, John Dawes a Mervyn Davies. Roedd y ddau yn arwyr i fi a hefyd i Richie a oedd yn chwarae rygbi 'da fi i'r Old Cantonians yng Nghaerdydd ar y pryd. Down i ddim eisie bod yn hy a thorri ar draws eu sgwrs a phenderfynes beidio croesi'r hewl. Ond dyma Carwyn a'i ffrindie yn dod draw aton ni. Daeth ata i a dweud, "John, Mervyn, I'd like you to meet a friend of mine, Chicago Jones!"

Wrth i fi ei gyflwyno i dri o gewri'r unig dîm o'r Llewod a enillodd gyfres brawf yn Seland Newydd, roedd wyneb Richie yn bictiwr. Roedd Carwyn wedi nabod un o'i gyn ddisgyblion yn Llanymddyfri ac wedi cofio'i enw hefyd. Ie, dyn arbennig iawn oedd Carwyn. Pan aeth i Goleg y Drindod, roedd yn golled fawr bersonol i fi. Lleddfwyd y teimlad o golled pan dda'th yn ei le ŵr bach byr â thash ar ei wyneb yn athro Cymraeg. Ei enw? Huw Llywelyn Davies. Fel trodd pethau mas, cafodd yntau fwy o ddylanwad arna i nag a gafodd Carwyn. Dim digon o ddylanwad mae'n debyg, achos pan dda'th hi'n amser gadel yr ysgol fe wnaeth yr athro gyrfaoedd fy nghynghori i fynd i Brifysgol Bryste i astudio Cymdeithaseg. Wrth edrych yn ôl, penderfyniad hurt oedd hwnnw. Dylsen i fod wedi gwrando ar fy rhieni a Huw a mynd i astudio'r Gymraeg rhywle yng Nghymru.

Er na wrandawes i ar gyngor Huw, do's dim dowt 'da fi ei fod wedi chwarae rhan sylweddol yn fy nghadw i'n Gymro. Cerddoriaeth y cyfnod, i fi, oedd Deep Purple, Pink Floyd, Led Zeppelin, Jethro Tull a llu o grwpiau Eingl-Americanaidd eraill. Drwy sefydlu Cymdeithas Gymraeg yn y coleg a gwahodd pobol fel Dewi Pws a'r Tebot Piws a Meic Stevens i berfformio yn yr ysgol, fe lwyddodd i greu diddordeb yn y sîn bop Gymraeg yndda i. Fe wnaeth hefyd wahodd Gareth Edwards a Barry John i siarad â ni. Ceisio pwysleisio bod Cymry Cymraeg yn gallu llwyddo hefyd roedd e ac nad Saesneg oedd y greal sanctaidd.

Roedd Huw hefyd yn athro penigamp, neu tip-top, fel 'se Grav yn ei alw. Roedd ganddo ddawn o wneud i lenyddiaeth neidio oddi ar y dudalen a dod yn fyw. Sara Harries Davies, yr actores, a finne oedd yr unig ddau yn astudio Cymraeg i lefel A, ac fe geson ni lot o hwyl yng nghwmni Huw. Sara â'i chefndir Gogleddol yn brolio R Williams Parry. Finne'n canmol Gwenallt. Gog versus Hwntw ym mhob ffordd!

Roedd 'da fi crush anferth ar Sara yn yr ysgol. 'Sen i 'di gneud unrhyw beth i fynd mas 'da hi. Yn anffodus i fi, roedd hi'n caru gyda capten tîm XV cynta'r coleg, Huw Lloyd Lewis. Damo fe! Ond rhyfedd o fyd, flynyddoedd lawer wedyn fe greodd cynhyrchydd *Pobol y Cwm* gymeriad a dda'th yn gariad i'r cymeriad rown i'n ei actio. Menna oedd y ferch honno. Pwy gafodd y rhan? Sara Harries Davies, felly dethon ni'n gariadon wedi'r cwbwl.

Cafodd Huw Llywelyn Davies ddylanwad arna i mewn ffordd arall. Roedd e'n hyfforddwr yr ail XV yn yr ysgol. Cafodd yr un ddawn ei hamlygu ar y cae rygbi, achos roedd ganddo ffordd o wneud popeth yn bleserus. Rhaid i fi ga'l dweud man hyn, bod ail dîm 1972-73 Coleg Llanymddyfri wedi mynd drwy'r tymor cyfan heb golli 'run gêm. Sgories i bedwar cais yn erbyn QEGS Caerfyrddin a honno oedd yr unig gêm wnaeth fy nhad wylio fi'n chwarc ynddi. Rwy'n credu iddo fod yn browd ohona i, achos rhoddodd bunt i fi ar ddiwedd y gêm. Gwnath Huw fy nghyhuddo i wedyn o droi'n broffesiynol am 'mod i wedi ca'l 'y nhalu 25 ceiniog y cais! Roedd y perfformiad hefyd yn ddigon da i un aelod o dîm fy ngwrthwynebwyr gynnig fy enw i dîm ieuenctid yr Athletic yng Nghaerfyrddin. Cefais un gêm iddyn nhw yn chwarae fel canolwr yn erbyn Cwins Rhydaman adeg y Pasg pan own gatre ar fy ngwyliau.

Colled fawr i Lanymddyfri a'r byd addysg yn gyffredinol oedd penderfyniad Huw i droi at fyd y cyfryngau. Eto, bydde nifer o bobol yn cytuno â fi bod Huw Llywelyn Davies wedi dal ati i fod yn athro. Dyw hi ddim yn gyd-ddigwyddiad bod safon Cymraeg nifer helaeth o'n chwaraewyr rygbi mwyaf blaenllaw wedi gwella drwy ddod i gysylltiad agos ag e.

Daeth rygbi'n fodd i fyw i fi tra own i yn Llanymddyfri. Byddwn i'n amal yn ca'l tocynnau i gêmau rhyngwladol Cymru drwy'r ysgol ac roedd hi'n oes aur i Gymru ar y pryd. Roedd pobol yn adnabod eu harwyr heb ddefnyddio'u cyfenwau o gwbwl. JPR, JJ, Gareth, Mervyn - mae'r rhestr yn ddiddiwedd a phoblogrwydd Max Boyce yn ychwanegu at y cyfan. Roedd Dad yn dwli ar Max Boyce ac un o'i hoff ddarnau oddi ar record *Live in Treorchy* oedd 9-3. 'Sa i'n synnu, achos roedd e, fi a 'mrawd yno, er ddim gyda'n gilydd, yn y gêm. Ces i fy nhocyn drwy'r coleg yn Llanymddyfri ac fe gafodd fy mrawd docynnau iddo fe a Nhad. Rown i ar y tanner Bank yn y gornel ble sgoriodd Roy Bergiers unig gais y gêm a Rob a Dad y tu ôl i'r pyst ble sgoriodd Budgie. Aeth dynion Brynsiriol lawr i'r Strade, 'To see the All Blacks play' (geiriau Max). Dwi wedi cadw fy nhocyn a'r rhaglen o'r gêm yn saff hyd heddi.

Rhaid 'mod i wedi ca'l fy sbwylo oherwydd llwyddodd y tri ohonon ni ga'l tocynne i weld y Baa-Baas yn herio'r Crysau Duon yng Nghaerdydd ar ddiwedd y daith honno hefyd. Daeth Dad a Rob i 'nghodi fi yn Llanymddyfri a lawr â ni i Barc Yr Arfau wedi i 'mrawd gael gafael ar ddau docyn stand. Llwyddodd Rob i newid un o'r tocynne stand am ddau *enclosure*. Dad aeth i'r stand a Rob a Finne i'r *South Enclosure*. Gêm cais bythgofiadwy Gareth Edwards, wrth gwrs, oedd y gêm honno. Weles i mo'r cais. Edrychwch yn fanwl y tro nesa bydd hi'n ca'l ei dangos ar y teledu. Mae 'na ddyn yn y dorf yn dal placard siâp dafad yn yr awyr. Rown i y tu ôl i hwnnw, felly a gweud y gwir, weles i ddim lot o'r gêm o gwbwl. Ond – i ddefnyddio Max eto – 'I was there!' Diolch i Rob a Dad am fynd â fi i'r gêm hanesyddol honno a diolch i Carwyn a Huw am gynne'r fflam sy'n llosgi hyd heddiw.

PENNOD 4

Brizzle a scrumpy

YN YSTOD FY mlwyddyn ola yn Llanymddyfri, fe ges gyfweliad ym Mhrifysgol Bryste am le ar gwrs Cymdeithaseg. Rhaid 'mod i wedi creu argraff dda, achos fe ges gynnig lle yno os llwydden i ga'l dwy 'E' yn fy arholiade lefel A. Y peth gwaetha alle fod wedi digwydd i fi. Gall unrhyw un ga'l dwy 'E'. Suddodd hwnna i'r isymwybod ac fe lwyddodd diafol y diogi fy rheoli i. O ganlyniad, dim ond llwyddo ca'l 'C' yn y Gymraeg ac 'E' yn Saesneg wnes i, ond llwyddes i ennill fy lle yn fyfyriwr ym Mhrifysgol Bryste. Trychineb oedd hynny, gan i fi sylweddoli'n go gloi taw camgymeriad mawr oedd derbyn y lle a gynigwyd i fi.

Roedd tua phymtheg ohonon ni'n fyfyrwyr ar y cwrs a fi oedd yr unig un o dan ddeg ar hugain oed. Roedd yn rhaid i fi astudio gwaith Aristotle a Plato. Ceisiodd fy nhad helpu gan ei fod wrth ei fodd gyda'r cewri athronyddol hyn o wlad Groeg. Doedd 'da fi ddim diddordeb yn y pwnc o gwbwl ar y pryd er mawr siom i Dad. I rywun a frwydrodd yn galed er mwyn ca'l addysg, rwy'n siŵr 'mod i wedi brifo Dad i'r byw. Byddwn i'n galler delio â'r cwrs heddi, mwy na thebyg, ond roedd geirie Rob a Huw Llywelyn Davies wedi ca'l eu gwireddu. Mae Cymdeithaseg yn haws o lawer i'w astudio wedi ennill tipyn o brofiad bywyd mewn cymdeithas. Cymdeithas i fi ar y pryd oedd cwmni ffrindie i fynd i gyngherddau, dawnsfeydd, clybie, tafarndai a meysydd chwarae. Rwy'n cyfadde ac yn sylweddoli mor annisgybledig ac anaeddfed own i ac anghyfrifol hefyd i radde helaeth.

29

Does dim esiampl gwell o ddiffyg hunanddisgyblaeth na'r flwyddyn dreulies i ym Mryste. Sylweddoles yn go gloi 'mod i mas o 'nyfnder ar y cwrs hyd yn oed ar ôl y tymor cynta, ond yn lle newid cwrs neu goleg fe benderfynes ddefnyddio'r flwyddyn i fwynhau fy hunan. Yn ystod y flwyddyn fe weles y grŵp pop Supertramp yn perfformio 'Crime Of The Century' yn y Victoria Rooms; Status Quo yn Undeb Y Myfyrwyr; Sassafrass (grŵp o Gymru) yn yr Hay Club a'r pinacl, mynd i Lundain i weld Led Zeppelin yn Earl's Court ac aros yn Orpington dros nos 'da un o'n ffrindie, Chris Threllfall. Fel mae'n digwydd roedd prif leisiwr Sassafrass, Terry Bennett, yn ecstra ar *Pobol y Cwm* flynyddoedd yn ddiweddarach. Pan sonies wrtho 'mod i'n ffan... doedd e ddim yn rhy hapus am ryw reswm. Pam? 'Sa i'n gwbod!

Un o'r cyngherdde sy'n aros yn y cof yn ystod fy nghyfnod ym Mryste yw'r gyngerdd yn y Colston Hall yn gwrando ar Victor Borge, y comedïwr unigryw o America a'i wreiddiau yn Nenmarc. Gan fod Victor Borge yn gerddor dawnus wedi'i hyfforddi'n glasurol ar y piano, roedd cerddoriaeth yn rhan bwysig o'i act. Prynes docynne y tu cefn i'r llwyfan. Lle rhyfedd i weld cyngerdd ond eto rown i'n agos iawn at y seren wrth wneud hynny. Pan gamodd ar y llwyfan fe drodd aton ni a dweud "I hope you've brought your instruments!" Rwy'n dal i wenu wrth feddwl am y llinell yna hyd heddi. Os nad ych chi wedi gwylio Borge wrth ei waith, gwnewch, wneith e mo'ch siomi.

Rown i wedi ca'l ystafell yn Bracken Hill, Leigh Woods, neuadd breswyl yr ochr arall i bont enwog Brunel, Pont Grog Clifton. Byddwn yn gorfod croesi'r bont hon bob tro yr awn i'r darlithoedd, i Undeb Y Myfyrwyr neu i gyngerdd pop. Mae'r bont yn fan drwg-enwog am gyflawni hunanladdiade. Yn wir, fe lwyddes i a dau ffrind achub bywyd un truan a oedd ar fin rhoi ei naid ola. Llwyddon ni ei ddal drwy afel yn ei ddillad, cyn ei lusgo, ei roi ar y palmant a'i berswadio i ddod nôl gyda ni i Bracken Hill am baned o goffi. Peth rhyfedd yw adrenalin, roedd y pedwar ohonon ni'n ffili stopo crynu. Wrth siarad yn y lolfa goffi fe gawson ni wbod taw gŵr o Fanceinion oedd e. Gan 'mod i'n ffan o Manchester United fe drodd y sgwrs at bêl-droed. Yn sydyn fe dynnodd rhywbeth o'i waled, llun o dîm Manchester United wedi'i blygu'n daclus. Yn y cyfamser, roedd Guy Morgan, fy roomie o Albanwr, wedi ffonio'r awdurdode ac fe gyrhaeddodd heddwas wedi'i hyfforddi mewn achosion o hunanladdiade, meddyg ac aelod o'r gwasanaethau cymdeithasol i fynd ag e i rywle diogel. Chawson ni fyth wbod hanes y pwr dab wedyn, felly dim ond gobeithio iddo ga'l yr help roedd arno ei angen a'i fod wedi ca'l rhyw fath o normalrwydd mewn bywyd. Un prynhawn wrth ddod adre o'r ddinas fe ddaethon ni ar draws ambiwlans, injan dân a cheir yr heddlu ar ochr Leigh Woods o'r bont. Roedd merch ifanc wedi taflu ei hun oddi ar y bont ond wedi glanio yn y coed wrth ochr y clogwyn. Gobeithio iddi hithe ga'l y cymorth roedd ei angen arni hithe hefyd.

Pan own i yn Bracken Hill, aeth myfyriwr o'r ail flwyddyn â ni i'r Coronation Tap yn Clifton i flasu scrumpy, sef seidr cryf iawn. Dywedodd Gareth wrthon ni na ddylen ni yfed mwy na hanner peint y tro cynta ac adeiladu hynny'n raddol hyd at ddau neu dri pheint dros gyfnod o wythnose. Fe wnaeth perchennog y dafarn gynnig yr un cyngor. Arllwysodd lymaid o scrumpy i mewn i wydr. Cymerodd ddarn o gig mas o bastai oedd ar ôl ar y bar a'i roi yn y scrumpy. Siglodd y gwydr, ac yn wir, wrth arllwys cynnwys y gwydr mas i'r sinc, doedd dim sôn am y cig. Mae 'na stracon (o'r Apocrypha debyg iawn) bod llygod mawr a phryfed yn cwmpo i mewn i'r fatiau scrumpy ar y ffermydd lleol ac yn diflannu a dod yn rhan o'r cynnwys.

Ta waeth, rown i'n dod o Gymru. Ry'n ni'n galler yfed, bois. "Ga i beint, plîs, Inkeeper!" Rwy'n cofio yfed tua pheint a hanner... y bois, fy nghyd fyfyrwyr, adroddodd weddill yr hanes wrtha i. Mae'n debyg i fi redeg tuag at bont Clifton yn gweiddi nerth fy mhen 'mod i'n galler hedfan. Peth peryglus yw scrumpy a dwi ddim yn credu i fi anwybyddu cyngor Gareth byth ers hynny. Ces brofiad annymunol arall gydag alcohol ar ôl i fi yfed potelaid gyfan o Southern Comfort mewn noson gardie yn Bracken Hill; sesiwn pocer a barodd drwy'r nos. Ennill neu golli? Dwi ddim yn cofio. Digon yw dweud nad ydw i byth, hyd heddiw, wedi cyffwrdd â'r ddiod honno wedyn. Mae hyd yn oed gwynt Southern Comfort yn gneud i fi deimlo fel chwydu. Twpdra myfyriwr ifanc oedd hyn, dim byd mwy.

Ymunes â chlwb rygbi'r Brifysgol, ond gan fod y tîm cynta'n llawn o fyfyrwyr y drydedd flwyddyn roedd rhaid bod yn hapus ca'l ambell gêm i'r trydydd tîm. Rown i wedi ca'l fy newis fel mewnwr mewn un gêm a Chymro arall fel maswr; haneri o Gymru, felly roedd pethe'n argoeli'n dda. Dynion profiadol oedd ein gwrthwynebwyr, er fe roeson ni gêm dda iddyn nhw, ond roedd cryfder eu pac nhw'n ormod ac fe gollon ni'n eitha trwm yn y diwedd. Colli fydde hanes fy ngyrfa ar y cae rygbi'n rhyfeddol o amal. Daeth hyfforddwr ein gwrthwynebwyr ata i yn y bar ar ôl y gêm a dweud mewn acen gref y west-country "You had a good game, scrum half!". Gwenais yn fewnol gan wbod nad own i wedi gwneud ffŵl o'n hunan, o leia. Yn ystod cystadleuaeth y pum gwlad y tymor hwnnw es at y bwci a rhoi pum punt ar Gymru i faeddu Ffrainc ym Mharis. Ces odds o 10/1 a diolch i gais enwog Graham Price roedd arian 'da fi i brynu peint yr un i'm ffrindie yn Bracken Hill y noson honno.

Fy ffrind gore yn y coleg ym Mryste oedd Piers Forest. Ffaelodd ynte ei flwyddyn gynta a gadawodd Bryste 'run pryd â fi. Y tro diwetha glywes i wrtho roedd wedi ymuno â'r Dragoon Guards. Roedd Piers yn chwaraewr cardie arbennig a Chris Threllfall yn cynrychioli De Ddwyrain Lloegr yn chwarae Bridge felly fe ges i a Piers sawl gêm ddiddorol yn ei gwmni, er dwi ddim yn credu 'mod i wedi chwarae Bridge ers hynny. Dysgodd Piers a Chris fi sut i chware Bezique a Canasta hefyd,

dwy gêm arall sydd wedi mynd yn ddieithr ers dyddie Bryste.
Black Jack neu Pontoon oedd un o'r ddwy gêm a gâi ei chwarae
am arian. Pocyr, (fersiwn stŷd saith carden) oedd y llall. Rwy'n
cofio defnyddio vouchers gwyrdd o becynne Players No: 6 fel
tsips. Wrth wneud hynny doedd y demtasiwn i chwarae am
arian mawr ddim yn codi'i ben.

Cwrddodd Piers a finne â dwy ferch o'r chweched dosbarth
yn Westonbirt School, i'r Gogledd o Fryste, mewn cyngerdd yn
Undeb Y Myfyrwyr. Fe wnethon nhw gryn argraff arnon ni, yn
enwedig Heather y ferch rown i wedi'i dewis. Gymaint o argraff
fel y penderfynodd Piers a finne y dylen ni fynd i'w gweld yn
Westonbirt. Beicio'r holl ffordd dim ond i ga'l ein gwrthod
wrth y drws. Collodd beicio ychydig o'i apêl wedi hynny. Ym
Mryste hefyd penderfynes roi'r gore i feicio. Wrth seiclo nôl o'r
ddinas, ces ddamwain go gas ger trofan Cabot's Circus wrth i
ryw yrrwr gwyllt yrru'n rhy agos ata i a chlipio fy olwyn gefen.
Fe es dros ben yr handlebars a sgathru 'mreichiau a'm hwyneb
ar y ffordd. Rown i'n diodde o sioc ac fe dda'th dau Samariad
trugarog i'm helpu. Cariodd un yr hyn oedd ar ôl o'r beic a'r
llall yn hanner 'y nghario fi i gaffi cyfagos a phrynu te ac ynddo
lot o siwgr. Caries y beic yr holl ffordd yn ôl i Bracken Hill yn
teimlo'n ddigon torcalonnus. Dda'th y beic ddim nôl gyda fi
i Gaerfyrddin wrth i fi ffarwelio â Bryste a 'sa i wedi bod ar
gefen beic cyffredin oddi ar hynny.

Ar ddechre'r ail dymor ym Mryste, cafodd merch un o'r
athrawon yn Llanymddyfri gyfweliad yn y Brifysgol. Fe
gysylltodd â fi a gofyn a fydde Nhad yn fodlon rhoi lifft iddi
i Fryste gan y byddwn i'n mynd nôl hefyd. Daeth hi lawr i
Gaerfyrddin ac aros dros nos yng nghartre Mam a Nhad.
Gofynnodd i fi a fydden i'n fodlon iddi gysgu ar lawr fy ystafell
ym Mryste dros nos y noson wedi'r cyfweliad. Cytunes a digon
yw dweud nad ar y llawr y cysgodd hi, a hi agorodd fy llyged
ynglŷn â chyfrinache rhyw, er na wnethon ni gadw mewn
cysylltiad, serch hynny, wedyn. Nid fi oedd Mr Right, mae'n

amlwg. Doedd 'da fi ddim llawer o gariadon, os o gwbwl, ym Mryste er i fi drio'n galed iawn.

Er i fi ddiflasu â'r cwrs yn gyflym iawn, fe syrthies mewn cariad â Bryste. Rhyfedd o fyd, ym Mryste gwnaeth Ffion, fy merch ei chwrs nyrsio ac mae Sam, fy mab, a'i wejen Meg hefyd ym Mryste yn astudio Criminology wrth i fi ysgrifennu'r gyfrol hon. Felly, mae lle go bwysig yn ein calonne fel teulu i Fryste. Pan own i yno awn i weld City a Rovers yn chwarae a ches groeso arbennig fel Cymro alltud yn Eastville. Felly y Môr-ladron (neu'r Gas gan fod tanc anferth o nwy ger y cae) yw'r canlyniad pêl-droed o Fryste bydda i'n chwilio amdano gynta ar ddydd Sadwrn. Erbyn hyn, wrth gwrs, mae Bristol Rovers yn chwarae yn Y Memorial Ground (hen gae'r clwb rygbi) a'r tîm rygbi wedi symud i Ashton Gate, cae Bristol City. Ydy, mae'n rhyfedd o fyd.

Rown i'n gwybod bod fy nghyfnod ym Mryste yn dod i ben. Es gartre dros yr haf a cha'l gwaith dros dro yn gweithio yn ffatri St Ivel yn Nhre Ioan, Caerfyrddin. Wrth i fi gyrraedd gartre, agorodd Dad y drws ffrynt. "Ray, dere i weld pwy sy 'ma!" gwaeddodd. Daeth Mam i'r drws ac edrych arna i a dweud, "O'r nefi! Dere miwn cyn i neb arall dy weld di." Doedd y trowsus loons (flares/bell bottoms) coch, y crys patrwm Affricanaidd, y beads pren rownd y gwddwg a chroes yn hongian oddi arnyn nhw ddim i'w gweld gan neb arall yn yr ardal. Heb sôn am y gwallt hir lawr i'r ysgwydde a'r barf trwchus. Yng Nghaerfyrddin rown i nawr nage yn un o brif ddinasoedd Lloegr.

Daeth y canlyniad o Fryste 'mod i wedi ffaelu'n ofnadwy yn fy arholiade. Er i fi gael gwahoddiad i ailsefyll yr arholiade, gwrthodes. Roedd hyn yn siom enfawr i Nhad, gan fod addysg yn bwysig iddo fe. Doedd hyn ddim yn syndod wrth ystyried yr hyn buodd yn rhaid iddo fe wneud cyn llwyddo mewn bywyd. Galwodd am y *re-inforcements*. Daeth fy mrawd i siarad â'i frawd bach.

"Pam o't ti'n moyn gneud Cymdeithaseg?"

"Sa i'n gwbod!" atebes.

"Rhaid bod 'na ryw reswm 'chan."

Y gwir amdani yw nad oedd syniad 'da fi beth own i'n moyn neud â 'mywyd. Da'th yr ateb llithrig cyn i fi feddwl beth own i'n ei ddweud.

"Fi moyn gweithio gyda phlant."

Dyna gychwyn wedyn y broses o fod yn athro. Cynigwyd Y Drindod i fi fel opsiwn. Rhy agos i gatre. Roedd gan fy nhad ffrind a oedd yn ddarlithydd yng Ngholeg Addysg Dinas Caerdydd, sef Elfed Jones ac yn dilyn galwad ffôn i Elfed yno'r mis Medi canlynol yr es i.

PENNOD 5

Beth am fynd i weld dy fam a dy dad?

CES LETY YNG Nghaerdydd gyda gŵr a gwraig hynod groesawgar yn Wellwood, Llanedeyrn, stad o dai y tu ôl i Goleg Cyncoed ac yn ddigon agos i gerdded yno. Er 'mod i'n ddigon cysurus yno treulies sawl noson yn cysgu ar lawr stafell Euros Healy yn neuadd Stradling ar faes y coleg.

Doedd yr hyn glywes i am Euros ddim yn argoeli'n dda o gwbwl cyn cwrdd ag e yn y coleg yng Nghaerdydd. Yn rhyfedd iawn doedd yr hyn roedd e wedi'i glywed amdana i ddim yn addawol iawn chwaith. Rown i'n gwbod taw Euros a finne fydde'r unig ddau grwtyn yn astudio Cymraeg, merched oedd y lleill. Roedd hwnna'n addawol dros ben... ond, clywes fod Euros yn fab i brifathro o Ddyserth ger Y Rhyl. Blydi swot a Gog, hunllef. Ar yr un pryd roedd rhywun wedi dweud wrth Euros ei fod e'n mynd i ga'l cwmni Hywel Jones, mab gweinidog o Gaerfyrddin. O, na, un o griw Duw ac yn erbyn y ddiod feddwol. Trwy ryw ryfedd wyrth fe dda'th y swot a'r happy-clappy yn ffrindie mynwesol, yn gyment o ffrindie nes i ni fod yn weision priodas i'n gilydd.

Ychydig wythnose ar ôl dechre yn y coleg, daeth hi'n gyfnod mynd ar ymarfer dysgu. Yn y dyddie hynny doedd dim digon o ysgolion Cymraeg yng Nghaerdydd, felly fe anfonwyd ni fel criw i'r Bala. Ces y profiad hynod bleserus o fod yn athro/myfyriwr yn Ysgol y Frongoch a buodd Euros a finne'n rhannu ystafell yng nghartre Mr a Mrs Jones. Roedd yno wely sengl a gwely dwbwl. Pwy oedd i ga'l y gwely dwbwl? Dim ond un ffordd oedd penderfynu. Aeth Euros a finnau i'r Ship Inn i chware gêm o ddarts. Pwy bynnag fydde'n ennill fydde'n hawlio'r gwely cysurus hwnnw. Euros enillodd fel mae wedi gwneud gan amla ar hyd y blynyddoedd wrth chware gêmau darts a pŵl.

Un noson wrth geisio cysgu fe ges y pleser o glywed un o'r gosodiade mwya trawiadol erioed. Am ryw reswm ces bwl o chwerthin. Dywedodd Euros, "Ti'n swnio fel cant o lygod wedi ffeindio marblen!" Dwi'n dal i drio deall honna. Atebion ar gerdyn post os gwelwch yn dda.

Roedd lletya gyda Mr a Mrs Jones yn fraint. Bwyd arbennig, a digon ohono, poteli dŵr poeth bob nos yn y gwely ac fe geson ni'n derbyn ganddynt fel pe baen ni'n feibion iddyn nhw. Roedd swper bob nos yn ein haros, yn y ffwrn pan fydde Euros a finne wedi bod yn y Ship. Ceson ni'n sbwylio'n rhacs. Cafodd y merched lety tra gwahanol. Roedden nhw'n achwyn taw dim ond modfedd o ddŵr oedd i'w ddefnyddio yn y bath, bwyd annigonol a stafelloedd oer. Down i nag Euros ddim yn rhy boblogaidd gyda'r merched pan ddaethon nhw i wbod am y driniaeth frenhinol gafodd y cryts gan Mr a Mrs Jones.

Gan ein bod yn y Bala gwyddem taw ar ddydd Gwener yn unig y bydde'n tiwtoriaid yn ymweld â ni. Bydde Mrs Rhiannon Jones a Miss Ann Rosser yn galw ar eu ffordd i ymweld â pherthnase yn y gogledd ac o ganlyniad bydde mwy o sglein ar wersi dydd Gwener. Bydde Euros a finne'n gweithio'n galed bob nos Lun i baratoi holl wersi'r wythnos gan ein rhyddhau i fynychu'r Ship i chware darts a chael cwmni'r locals bob nos Fawrth, Mercher a Iau.

Bydde ein penwythnose'n rhydd, felly Dyserth a Chaerfyrddin amdani. Mae Dyserth wedi aros yn y cof am sawl rheswm. Cwmni mam a thad Euros a'u croeso cynnes, chwaer Euros, Catrin, hefyd wrth gwrs. Rown i'n ffansio

Catrin ac yn tynnu coes Euros y gallwn fod yn frawd yng nghyfraith iddo. Roedd Catrin a finne'n ffans mawr o Led Zep ac mae dwy gyngerdd yn aros yn y cof. Un penwythnos, pan oedden ni yn Nyserth, aeth Euros a finne i Glwb y Triban yn Y Rhyl i weld Meic Stevens. Roedd e'n arwr i fi ac mae'n dal i fod. Y noson honno roedd yn wych, ar top fform ac fe ganodd ei holl repertoire Cymraeg gan ychwanegu ambell gân James Taylor ar y diwedd. Fe dorrodd e ddau dant ar ei gitâr y noson honno yn ogystal â chladdu dwsin o boteli o Guinness. *Hero*!

Dro arall aeth Euros a finne i Gaer i weld grŵp newydd o'r enw The Sex Pistols. Roedd rhyw wàg yn y coleg wedi sôn bod y prif lais yn ferch ifanc smart a siapus ac nad oedd hi'n gwisgo bron ddim dillad o gwbwl. Prin y gallwn alw Johnny Rotten yn olygus, heb sôn am fod yn ferch. Sioc aruthrol i ni'n dau oedd ca'l grŵp yn poeri aton ni a'r dorf yn taflu cwrw atyn nhw ar y llwyfan. Roedd y Sex Pistols y noson honno'n uffernol. Syndod mawr i fi, ac i Euros rwy'n siŵr, eu bod wedi ca'l gymaint o lwyddiant ychydig wedi'r noson honno yn Quaintways, Caer.

Er gymaint o hwyl oedd y penwythnosau yng nghartre Euros, y penwythnos yng Nghaerfyrddin sy'n aros fwya clir yn y cof. Rhaid dweud bod Euros yn lwcus ei fod yn dal ar dir y byw – pe bai gen i ddryll y penwythnos hwnnw!

Nid penwythnos yng Nghaerfyrddin oedd hi mewn gwirionedd. Ar y nos Wener roedd Y Trwynau Coch yn perfformio yn y ddawns ryng-golegol yn Aberystwyth. Yno aethon ni a mwynhau noson o gerddoriaeth Gymraeg a chwmni cyd-fyfyrwyr o golege gwahanol Cymru. Colles Euros yn ystod y nos ond ces lety neu wely yn un o stafelloedd Pantycelyn. Wna i ddim dweud mwy! Rown i'n gwybod y delen i o hyd iddo fe rywbryd y bore canlynol, er nad oedd ffone symudol ar ga'l bryd hynny.

Pan ddes o hyd iddo fe roedd yn amlwg ei fod ynte wedi cael llety croesawgar y noson honno hefyd. Fe aethom i ymweld ag ambell dafarn yn y prynhawn a chyrraedd Y Gunners tuag adeg y canlyniade ffwtbol. Gweld bod Caerdydd wedi maeddu Exeter City o 6-2 yng Nghwpan yr FA. Yno cafodd Euros y syniad gwych o fynd i Gaerfyrddin i weld Mam a Dad. Rhaid bod cwrw wedi effeithio ar fy synnwyr cyffredin achos fe gytunes ei fod yn syniad arbennig o dda. Syniad arbennig o dwp fel digwyddodd pethau.

Dechreuon ni fodio lifft i Gaerfyrddin am 5 o'r gloch. Y camgymeriad oedd derbyn lifft i Lanilar, pe baen ni wedi aros ar y ffordd fawr bydde pethe wedi bod yn wahanol. Buon ni'n cerdded am orie. Roedd Euros yn hoff o gerdded, ond yn dilyn ffasiwn y 70au rown i'n gwisgo sgidie platfform. Tua hanner awr wedi deg roedden ni rhyw dair milltir o Alltwalis a finne wedi ca'l digon. Pe bai dryll 'da fi fydde Mr Healy ddim ar dir y byw heddi. Gweles dŷ ar ochor y ffordd ac fe fues i'n ddigon haerllug i fynd at y drws a gofyn a allen i wneud galwad ffôn *reverse charges* adre. Cytunodd Dad ddod i'n casglu yn Alltwalis.

Pan gyrhaeddodd, gweld bod ganddo gyd-deithiwr, y gŵr llengar, D Tecwyn Lloyd. Bu'n rhaid i Euros a finne ddiodde siwrne nôl i Gaerfyrddin mewn car yn llawn o fwg tybaco, er bod hynny gant a mil yn well na cherdded yr un cam arall. Digon yw dweud na wisges sgidie platfform wedyn tan i fi ddechre ar fy ngyrfa dysgu. Pan gyrhaeddon ni 'nghartre yng Nghaerfyrddin, roedd Mam wedi paratoi pryd o fwyd ar ein cyfer ac wedi rhedeg bath tra bod y bwyd yn coginio. Chwarae teg iddi roedd hi'n agos at 11:30 ar nos Sadwrn. Euros, fel gwestai, gafodd fynd i'r bath yn gynta. Anghofia i byth mohono'n dod lawr y stâr yn gwisgo dressing gown Nhad ac yn trio'i ore i edrych yn urddasol. Roedd Mam yn gwenu'n braf yn gwbod yn iawn nad oedd, o ran ffasiwn, yn siwtio Euros yn arbennig o dda. Hyd heddiw, bydd Euros a finne'n ail adrodd y stori hon ac wrth edrych yn ôl yn gweld ochr ddoniol y cyfan.

Daeth yr ymarfer dysgu i ben ac aethon ni yn ôl i fwrlwm

bywyd Coleg Cyncoed yn y brifddinas. Ond diolch i'r Bala am y croeso gawson ni yng nghartre Mr a Mrs Jones, yn Ysgol y Frongoch ac yn y Ship. Mae atgofion melys 'da fi o'r cyfnod. Roedd y flwyddyn gynta yn sbort, er bod yn rhaid i ni weithio hefyd. Diolch i'r drefn roedd 'da ni ddarlithwyr penigamp. Yn Gymraeg, W J Jones, Watcyn Jones, Ann Rosser a Rhiannon Jones. Diolch iddyn nhw am eu hamynedd a'u tegwch ond yn benna diolch am wneud y darlithoedd yn hynod o ddiddorol. Yn gyflym iawn aeth diflastod Bryste'n angof. Un broblem enfawr, serch hynny, oedd 'mod i'n casáu'r darlithoedd Cymraeg Canol. Nid bai'r darlithydd, Billy Raybould oedd hyn, down i jest ddim yn hoffi'r pwnc. Fe ybseties i'r merched un prynhawn yn narlith Mr Raybould – cyn-chwaraewr rygbi rhyngwladol i Gymru ac un a ddysgodd Gymraeg fel ail iaith a'r merched yn dwlu arno. Yn y ddarlith arbennig honno roedden ni'n trafod geirie arbennig a ddefnyddiai'r mynachod i ddisgrifio rhyfela. Dethon ni at y gair am geffyle, sef marki. Gofynnodd ein darlithydd beth oedd ystyr y gair. Heb oedi fe atebes, "Tent." "Beth, sut?", "*Marquee*, tent fawr a ddefnyddir mewn priodasau ac ati!" Roedd Euros yn cnoi ei lewys i'w atal rhag chwerthin. Roedd wynebau'r merched yn dangos eu hanfodlonrwydd. Dwi ddim yn credu bod Mr Raybould yn sylweddoli taw tynnu coes own i, na'r merched chwaith, er na wnes i hynny mewn darlith wedyn. Rhaid diolch yn y fan hyn i Keri Morgan am fenthyg ac esbonio ei nodiade Cymraeg Canol i fi cyn yr arholiade. Roedd e'n esbonio'r peth yn well na'n darlithydd, wel, i fi beth bynnag. Ond nid bai Mr Raybould oedd hyn, doedd y berthynas rhyngddo fe a finne ddim yn llwyddo.

Mr T J Williams oedd fy nhiwtor Saesneg, Cymro di-Gymraeg a gwrth-Gymreig ei agwedd. Ffaeles fy arholiad yn yr ail flwyddyn yn Saesneg gyda marc o ddeugain y cant, felly roedd yn rhaid i fi ailsefyll yr arholiad ar ddiwedd tymor cynta'r drydedd flwyddyn. Mae'n debyg i fi ddefnyddio gormod o feirdd Cymraeg fel esiample wrth ateb cwestiyne ar farddoniaeth Saesneg. Pan ges diwtor gwahanol ar gyfer yr ailsefyll, fe gododd y marc i saith deg pedwar y cant. Rwy'n ddrwgdybus o hyd bod gan T J Williams agenda bersonol yn f'erbyn. Efalle iddo ga'l ei rybuddio gan Mr Raybould.

Elfed Jones oedd fy nhiwtor addysg. Er iddo ddangos ychydig o ffafriaeth drwy ga'l lle i fi yn y coleg, efalle, eto arhosodd y ffafriaeth honno y tu fas i'r stafell ddarlithio. Roedd yn farciwr llym ond teg. Bydde fe bob amser yn esbonio ble roedd y camgymeriade ac yn cynnig gwellianne pan fydde angen. Sdim rhyfedd 'mod i wedi gwneud mor dda o dan ei arweiniad e a mawr fy nyled iddo.

Gwnes fy ymarfer dysgu yn yr ail flwyddyn yn Ysgol Uwchradd Howardian Caerdydd. Mae'r ysgol honno bellach wedi cau, ond mae 'na sôn y bydd yr adeilad yn ailagor fel ysgol gynradd yn ystod y blynyddoedd nesa. Yn y drydedd flwyddyn fe wnes fy ymarfer dysgu yn ysgol uwchradd Sant Teilo, eto yng Nghaerdydd. Mae'r ysgol bellach wedi symud i adeilad newydd sbon yn Llanedeyrn a'r hen adeilad wedi ca'l ei ailwampio i groesawu Ysgol Gyfun Gymraeg Bro Edern. Y drydedd ysgol Gyfun Gymraeg yng Nghaerdydd yn dilyn Glantaf a Phlasmawr.

Newidiodd fy nghyfnod yn Sant Teilo fy nghyfeiriad cyn belled ag mae rygbi yn bod. Roedd yr athro Cymraeg yno, a oedd yn bugeillio fy nghyfnod fel myfyriwr, yn gapten ar dîm rygbi'r Old Cantonians. Neil Salmon oedd ei enw. Roedd yr athro gwaith coed, Benny Edwards, hefyd yn aelod o'r un tîm. Rhyw fore dros goffi gwnaeth y ddau fy nghornelu a gofyn a own i'n chwarae rygbi. Digon prin oedd fy nghyfleon yn y coleg am fod y darlithwyr ymarfer corff yn defnyddio gêmau'r ail a'r trydydd tîm fel rhyw fath o addysg ychwanegol i fechgyn fydde'n dysgu rygbi i blant fel rhan o'u gyrfaoedd fel athrawon ymarfer corff. Dywedes wrth Neil a Benny 'mod i wrth fy modd yn chwarae rygbi. Roedd hynna'n ddigon iddyn nhw a ches fy newis i chwarae ar yr asgell i ail dîm Old Cantonians ar faes Ysgol Uwchradd Cantonian y dydd Sadwrn canlynol yn erbyn Old Penarthians. Yn y gêm cafodd Dave Wall y cefnwr anaf cynnar a fe symudwyd fi i chwarae yn ei safle am weddill y gêm. Fe ges i gêm arbennig o dda a'r Sadwrn canlynol ces fy newis i chwarae cefnwr i'r tîm cynta.

Ar y pryd, cawn fy adnabod fel 'JH' yn y Coleg yng Nghaerdydd. Pam JH? Pan own i yn y Coleg yn Llanymddyfri, roedd yna sawl Jones yno a bydde nifer ohonyn nhw'n ca'l eu hadnabod drwy ddefnyddio *nicknames*. Bydd nifer o weithwyr teledu yng Nghymru a fuodd yn y coleg 'run pryd â fi'n dal i 'ngalw i'n JH. Yr unig gyd fyfyrwraig a alwodd fi'n Hywel, neu Hyw, oedd Eleri Lenny, ond JH rown i bawb arall.

Llongyfarchiadau ar gael ohonot dy radd

CWRDDES AG ELERI ym Mhafiliwn Pontrhydfendigaid mewn cyngerdd Twrw Tanllyd yn 1976. Roedd ganddi hiwmor cynnes a'r ddwy lygad las fwya hyfryd. Gwnaeth gryn argraff arna i a dysges ei bod ar fin cychwyn ei blwyddyn gynta yng Nghyncoed y mis Medi canlynol. Rown i ar gychwyn f'ail flwyddyn a daeth yn gariad i fi.

Mae Eleri'n dweud 'mod i, fel un o aelodau Undeb y Myfyrwyr yn y Coleg, yn sefyll wrth y gât ffrynt yn croesawu'r myfyrwyr newydd. Mae'n debyg 'mod i wedi ei holi hi:

"Ti'n ffansïo dod i barti heno?"

"Nag o's rhaid i ti fod yn aelod o'r Undeb?" holodd Eleri.

"O's, ond fe alli di ddod mewn 'da fi."

Roedd Euros, Dylan Evans a chriw o ffrindie eraill wedi penderfynu ca'l fflat yn Oakfield Street, Y Rhath am yr ail flwyddyn ond penderfynes aros yn un o neuadde'r Coleg. Gwariodd Eleri a finne lawer o'n hamser yng nghwmni'n gilydd y flwyddyn honno. Cryfhau wnaeth fy nheimlade tuag ati ac fe ofynnais iddi, ar ddiwedd tymor cynta, 1977, a hoffai fy mhriodi. Er mawr syndod i fi, cytunodd. Rown i wedi llwyddo safio tamed bach o arian, peth anghyffredin i fi gan fod arian bob amser yn llosgi twll yn fy mhoced, a dewison ni fodrwy gyda'n gilydd mewn siop yn Heol y Brenin, Caerfyrddin.

Des i nabod teulu Eleri'n dda. Cawn groeso cynnes bob

amser yn Efail y Banc, Rhydargaeau. Roedd mam Eleri yn gwc arbennig a sdim dowt mai Menna oedd yn gyfrifol am 'mod i wedi ychwanegu stôn at fy mhwyse arferol – efalle taw dyna pam dewisodd Benny Edwards fi fel bachwr am un gêm i'r Cantonians. Roedd Alfred, tad Eleri, yn rheolwr ar gwmni Dyfed Seeds yng Nghaerfyrddin ac yn dipyn o gymeriad, yn hoff o'i whisgi ac yn gymdeithaswr o fri. Yn amal iawn ar nos Sadwrn fe fydde Eleri a'i theulu yn mynd â fi i'r Travellers Rest ar y ffordd i Alltwalis i ga'l stêc a tsips. Rwy'n credu fod gan Alfred *ulterior motive* gan y byddwn i bob amser yn ca'l fy nhynnu i chwarae Tip-It gyda'r locals.

Roedd brawd ifanca Eleri yn bymtheg oed ar y pryd a'i obsesiwn e oedd ceir. Yn wir roedd ganddo Riley Elf a bydde fe'n gyrru o amgylch y caeau yn Efail y Banc. Daeth *Double de-clutch* a *handbrake turns* yn rhan o 'ngeirfa i, diolch i Ceri. Yn Riley Elf Ceri ces i fy ngwers yrru gynta, o gwmpas y caeau a Ceri'n *instructor*. Os rwy'n cofio'n iawn, cafodd Eleri ei anghofio am un penwythnos wrth i fi helpu Ceri i baentio Road-Hog mawr oren ar fonet y Riley.

Brawd hynna Eleri oedd Alun ac ar y pryd roedd yn gweithio i'r *Carmarthen Journal*. Roedd 'da fe ddisgo symudol a bydde fe i'w weld yn amal yn troelli yn y Barics yng Nghaerfyrddin. Lle peryglus oedd y barics ac roedd gan Alun bastwn yn ei fag recordie – jest rhag ofn. Daeth Alun a'i wejen, Ann Williams yn ffrindie da, cyfeillgarwch sydd wedi parhau tan heddiw. Gwnaeth Alun, er mawr syndod i fi, ofyn i fi fod yn was priodas iddo fe ac Ann. Roedd fy mhresenoldeb yng nghalon y teulu'n ca'l ei werthfawrogi felly. Des i nabod ffrindie'r teulu hefyd wrth helpu gyda'r gwair ar ambell ffarm leol a chymdeithasu yn y Stag and Pheasant, Pontarsais. Roedd y dyddie hynny'n ddyddie da a mawr fy niolch i deulu Efail y Banc am ga'l cyfle i flasu peth o fywyd cefen gwlad yr ardal.

Yn haf 1979, rown i wedi llwyddo cael fflat yn Stacey Road, Caerdydd, rhif pum deg saith, fel y rhif ar boteli Heinz slawer dydd! Yn rhannu'r fflat roedd Nev Cwmllynfell ac Arwel Roberts, crwt o Sir Fôn. Mae Nev yn ffrind mynwesol hyd heddi ond gadawodd Arwel ar ôl dau fis i weithio ym Mharis. Chlywes i ddim o'i hanes wedi iddo adael tan yn ddiweddar. Yn ôl pob sôn fe fuodd Arwel farw ym Mharis o glefyd mwya'r wythdegau, AIDS. Mae'n drist colli cysylltiad gyda ffrind bob amser ond mae clywed newyddion fel hyn am rywun yn rhwbio halen yn y briw rywsut. Bu Eleri mas yn gweld Arwel yn Ffrainc sawl tro, o leia cadwodd rhywun o'n criw ni gysylltiad ag e. Ond pwr dab ag e, marw mewn dinas estron. Yn ei le daeth Chris Morgan, crwt gwyllt o'r cymoedd a oedd wedi bod yn y fyddin ac yn gyd-chwaraewr i'r Old Cantonians. Enw drwg gafodd y fflat hwnnw wedi i Chris symud i mewn, er nid arno fe roedd y bai i gyd.

Cyn symud i fyw yn y fflat, rown i'n gweithio ar y loris sbwriel yng Nghaerfyrddin. Dyna oedd sbort, ambell waith! Roedd y shifft nos yn cychwyn am ddeg bob nos tan chwech y bore a ninne'n gyrru o amgylch y ffermydd yn y wlad y tu fas i'r dref yn gwacáu binie metal trwm. Yn ystod y dydd roedd y shifftie o wyth y bore tan bedwar y prynhawn yn casglu sbwriel mor bell i ffwrdd â Chynwyl Elfed.

Un noson roedd hi'n arllwys y glaw ac ambell fin wedi llenwi â dŵr yn ei wneud yn rhy drwm i un dyn ei godi. Roedd gan y gweithwyr llawn amser ddillad arbennig ar gyfer tywydd gwlyb, ond ches i ddim pâr ganddyn nhw. Digon yw dweud bod fy nillad erbyn canol y shifft fel ail groen ar fy nghorff. Rhwygodd fy nhrowsus ar draws y penglinie a'r crys o dan fy ngheseilie. Roedd golwg go druenus arna i erbyn diwedd y shifft. Ar y ffordd nôl i'r depot, tua phump y bore, sylwes fod y gyrrwr wedi cymryd *detour*. Gofynnes iddo ble roedd e'n mynd. "Dy dwymo di lan, gw-boi!" Chwarae teg i fois y cownsil, aethon nhw â fi i'r Stags Head ger yr hen farchnad; roedd *lock-in* bob nos yn Y Stag. Gwnaeth y perchennog goffi i fi a fe brynodd pob un o griw'r lori frandi i fi. Wnes i gynhesu? Sa i'n siŵr ond o leia rown i'n itha penysgafn yn cyrradd gatre.

Mae stori arall yn sefyll yn y cof hefyd, un bwysig o ran fy hanes yn ystod fy nyddie fel dyn sbwriel. Rown i ar gefn y lori yn sefyll ar y platfform (yn erbyn y gyfraith heddiw wrth gwrs) pan waeddodd rhywun arna i, ffrind i Mam a Dad. Sa i'n cofio pwy oedd hi ond rown i wedi gweld ei hwyneb hi yn ein tŷ ni sawl tro. "Llongyfarchiade ar ga'l dy radd."

Sut ar y ddaear las oedd hon yn gwbod 'mod i wedi ca'l fy BEd? Wrth reswm rown i'n disgwyl llythyr unrhyw ddydd o'r coleg. Buodd fy nhad yn agor fy llythyron am gyfnod, cadw golwg ar fy nghyfrif banc, mwy na thebyg, gan ei fod yn becso amdana i, a bydde hynny yn fy nghythruddo. Aeth yn ddadl dwym rhyw fore a Mam yn dweud wrtho, "Whare teg, Em, ma 'da fe bwynt." Ar ôl hynny cytunwyd taw dim ond fi oedd i agor unrhyw lythyron â'n enw i ar yr amlen.

Ar ôl y shifft ar y bins, cyrhaeddes gatre. Doedd dim sôn am Mam na Dad. Tynnwyd fy sylw at amlen wedi'i hagor ar fwrdd y gegin, amlen wedi'i chyfeirio ata i. Ar yr amlen roedd bathodyn ac enw Prifysgol Cymru, Caerdydd. Roedd Nhad wedi agor y llythyr er mwyn gweld fy nghanlyniad. Dywedodd Mam wrtha i flynyddoedd wedyn iddo gamu yn ôl a mlaen tuag at y bwrdd am hanner awr cyn i'r demtasiwn fynd yn ormod iddo. Dwedodd ei bod hi wedi ceisio ei ddarbwyllo ond yn gwbod y bydde hi'n ffili.

Gwenes wrth sylweddoli beth oedd wedi digwydd. Roedd addysg yn bwysig i Dad ac anodd iawn oedd bod yn grac wrtho am dorri'i addewid. Ond yr hyn sy wedi serio ar fy nghof yw geirie fy nhad ar gefen y llythyr o'r coleg. 'Llongyfarchiadau ar ga'l ohonot dy radd. Paid pisio hwn i gyd lan yn erbyn wal Y Golden Lion, Dad x', ac wedi'i gysylltu wrth y nodyn roedd siec am £200. Ffortiwn bryd hynny.

Do, llwyddes i basio fy arholiade Tystysgrif Addysg a'm harholiad Baglor Addysg. Er fy holl helyntion ym Mryste, a methu arholiad Saesneg yn yr Ail Flwyddyn yng Nghaerdydd, daeth llwyddiant i fab ifanca'r Mans. Testun balchder i fi a'm rhieni. Amser chwilio am swydd nesaf. Lwc owt plant ysgolion Morgannwg Ganol.

Eleri oedd cannwyll fy llygad. Rwy'n cofio'r diwrnod, y chweched o Hydref 1979; roedd Cymru'n chwarae Rwmania ym Mharc yr Arfau ac roedd gan Eleri a finne docynne i'r gêm. Yn gynta, roedd gan y Cantonians gêm gatre yn y bore yn erbyn St Davids, Caerdydd. Roedden ni wedi trefnu cwrdd â'n gwrthwynebwyr yn nhafarn yr Hope yn North Road, tafarn sy bellach wedi diflannu. Roedd John Davies, ein cefnwr, yn croesi ffordd beryglus North Road sydd â thair lôn iddi ac roedd Eleri a finne'n croesi i ymuno ag e ac wedi croesi o flaen car oedd wedi aros i ni. Welodd Eleri mo'r car yn y lôn ganol a oedd yn teithio, yn fy marn i, yn llawer rhy gyflym, ac fe gafodd ei tharo. Hedfanodd drwy'r awyr a glanio tua ugain troedfedd o flaen y car. Rhedes ati, ac yn wir, ar y foment honno rown i'n meddwl ei bod wedi ca'l ei lladd. Roedd ei llygaid yn ddau bwll o waed a'i choes ar ongl ofnadwy i'w chorff. Rhedes nôl at y car oedd yn gyfrifol a cheisio torri ffenestr y gyrrwr â 'nyrne. Byddwn i, mae'n siŵr 'da fi, wedi lladd y dyn pe bawn wedi llwyddo ca'l gafael ynddo fe. Tynnodd fy ffrind mynwesol, Dave Wall, a John Davies fi naill ochor a cheisio fy nhawelu. Yn y cyfamser roedd ambiwlans wedi cyrraedd. Trwy lwc a bendith roedd gorsaf Ambiwlans Blackweir jest lan yr hewl ar North Road.

Roedd Eleri'n fyw ond roedd asgwrn ci choes wedi'i dorri reit drwyddo. Gwaed o gwt ar ei phen oedd yn gyfrifol am y gwaed yn ei llygaid ac wrth i'r dynion ambiwlans sychu'r gwaed o'i phen sylwes fod *imprint* o batrwm ei siwmper ar groen ei boch a'i thalcen. Sdim dowt 'da fi mai'r fraich a'r siwmper oedd wedi achub ei bywyd y prynhawn hwnnw. Cafodd hi ei chludo i'r adran achosion brys a oedd bryd hynny yn y CRI, Cardiff Royal Infirmary. Dwi ddim yn siŵr pwy wnaeth 'y ngyrru i yno gan fod fy meddwl yn ceisio amgyffred yr hyn oedd wedi digwydd o flaen fy llygaid. Roedd Eleri wedi cyrraedd tua chwarter awr o 'mlaen i. Daeth meddyg ata i a dangos X-ray o goes Eleri a'r niwed a gafodd. Druan ohoni, roedd yn anaf difrifol a hithe yn ei blwyddyn ola yn y coleg yn astudio Ymarfer Corff. Rown i wedi dechrau ar swydd newydd fel athro mewn ysgol uwchradd. Dyma'r tro cynta i Eleri a finne fyw ar wahân, fi mewn fflat a hithe yn un o neuadde'r coleg.

Un o'r eiliade mwya poenus yn fy mywyd oedd ffonio Efail y Banc a Menna'n ateb. Gofynnes a allwn siarad gydag Alfred. Pan ddaeth at y ffôn, roedd yn rhaid i fi ddweud wrtho bod Eleri wedi ca'l damwain ddifrifol a'i bod yn yr ysbyty yng Nghaerdydd. Galla i glywed y poen yn ei lais hyd heddiw wrth iddo ymateb. Roedd Alfred a Menna wrth wely Eleri o fewn dwy awr wedi iddyn nhw dderbyn yr alwad ffôn.

Gan nad own i'n gyrru ar y pryd a gan fod 'da fi gyfrifoldeb swydd newydd, pan symudwyd Eleri gatre i Rydargaeau i wella, roedd y pellter daearyddol rhyngon ni'n bellach fyth. Er i fi dreulio bron bob diwrnod o'r gwylie Nadolig hynny yn Efail y Banc gydag Eleri, fe ddaeth ein perthynas i ben ym mis Ionawr, 1980.

Torrais fy nghalon. Ceisiodd fy nhad ei orau glas i helpu a gafaelodd ynof yn dynn wrth i fi lefen yn ddi-stop. Roedd Mam yn torri ei chalon hefyd wrth fy ngweld mewn shwd stad ac i Eleri fod yn gymaint rhan o'n teulu ni ag rown inne wedi bod i'w theulu hithe. Mae torperthynas o unrhyw fath yn effeithio ar lawer mwy na'r ddau unigolyn, yn effeithio ar deuluoedd a ffrindie. Gall pethe fod yn lletchwith ofnadwy. Rown i wedi cytuno bod yn was priodas i fy ffrind, Nev Poole, mab cigydd o Gwmllynfell ac Eleri wedi cytuno bod yn forwyn briodas i'w ddarpar wraig, Angela Rees, gan fod Ange ac Eleri yn ffrindie mawr. Teimlad rhyfedd iawn oedd bod ym mhriodas dau ffrind a gwbod y bydden ni'n dau wedi priodi, mwy na

Dad yn ifanc.

Mam yn ifanc.

Priodas Mam a Dad. Rhes gefn: John (tad Dad), Wncwl Fred Tŷ Croes, Wncwl Bertie a Sam (tad Mam). Rhes flaen: Sara (mam Dad) ac Edith (mam Mam) gyda Mam a Dad.

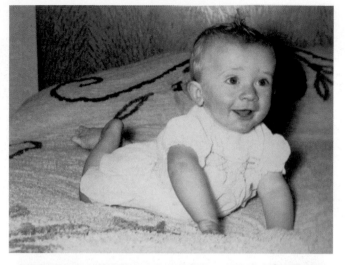

Fi yn fabi blwydd oed.

Fi a Dad-cu Sam y tu allan i'r Mans (Brynsiriol).

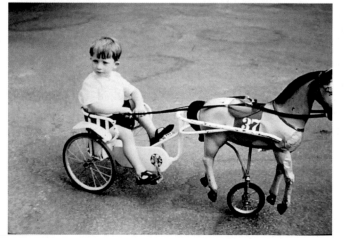

Fi ar y cyfandir yn grwt bach. Yn Geneva rwy'n credu.

Fi yn grwt bach yn Brynsiriol. Arwydd cynnar o berfformio? (Er na ddysgais chwarae'r gitâr erioed!)

Parc yr Arfau Brynsiriol. Dechrau'r diddordeb mewn rygbi yn ifanc. Steil cicio Terry Price!

Llun o ddosbarth Enid Jones yn Ysgol Pentrepoeth. Yn y llun: John 'Bach' Phillips, y Prifathro ar y chwith. Fi yw'r pumed o'r chwith yn y rhes gefn. Nesaf i fi mae Eifion Daniels. Trydydd o'r chwith mae Emyr Davies. Huw James sydd â breichiau Enid ar ei ysgwyddau. Ail o'r chwith yn y rhes flaen mae Ann Lenny (Williams).

Aled Eurig, fi a Huw Eurig ('Cefndryd'!)

Fi a Rob yn Brynsiriol, Nadolig 1963.

Fi yn rhif 13214 Ilene Avenue (ein cartref yn Detroit), Nadolig 1966.

Dad a Mam a fi yn Ilene Avenue Detroit, Nadolig 1966.

Dad a fi, Nadolig Detroit 1966.

Martyn Williams (mab Cyril), Mam a finnau yn Ilene Avenue Detroit, 1966/67.

Fi a ffrindiau ysgol o Ysgol Monnier Detroit yn ein tŷ ni.

Fi, Mam a Dad yn y White House, Washington DC, 1967.

Fi ym Mharc Cenedlaethol Yosemite, California, Haf 1967.

Dad yn edrych dros y Grand Canyon, Haf 1967.

Cartŵn ohona i gafodd ei dynnu gan artist yn Disneyland, Los Angeles, Haf 1967. Roedd gen i obsesiwn am *astronauts*!

Fi a Dopey yn Disneyland, 1967.

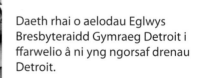

Daeth rhai o aelodau Eglwys Bresbyteraidd Gymraeg Detroit i ffarwelio â ni yng ngorsaf drenau Detroit.

Mam a fi ar fwrdd yr Empress Of Canada. Hwylio i Lerpwl o Montreal, Hydref 1967.

Ail dîm holl fuddugol Coleg Llanymddyfri 1972–73. Fi yn y cefn ar y dde. Pumed o'r chwith yn y rhes flaen mae Huw Llywelyn Davies.

Fi yn y 'Senedd Ffug' rhyng-ysgolion a drefnwyd gan Warden Coleg Llanymddyfri, R. Gerallt Jones. Aelod Plaid Cymru oeddwn i. Roedd y llun yma yn y *Western Mail* yn 1972.

Mam a Dad a fi ar fy mhen-
blwydd yn 21.

Yr Old Cantonians, 1980.
Fi yn y blaen ar yr ochr
dde. Y tri chwaraewr ar
y pen yn y rhes gefn yw
Benny Edwards, Dave Wall
a Jon Luke.
Llun: Dave Wall

Yr Old Cantonians yn perfformio'r enwog 'Dead Ants'!
Llun: Dave Wall

Euros (Healy) a fi. Dau 'hen' ffrind!

Fy llun ar gerdyn aelodaeth yr NUS tra fy mod yn fy mlwyddyn ddiddorol ym Mhrifysgol Bryste.

Eleri Lenny (Hutchison) yn 1976. Y llygaid dal mor hudolus mewn du a gwyn.

Testun balchder i Mam a Dad: fi yn fy nghap a gŵn academaidd B. Addysg.
Llun: Ann Lenny

Fi a Gareth Lewis, sgets Côr y Cewri, *Teulu-Ffôn*, 1983.

Seren y rhaglen *Ffalabalam*, Huwcyn y Panda a fi.

Mair Rowlands a fi, *Ffalabalam* ar ddydd Gŵyl Dewi.

Recordio fideo 'Dim Ond Un Botel Fach Arall' ar gyfer *Torri Gwynt*. Yn y blaen: Gareth (J.O.) Roberts, fi a William Thomas. Yn y cefndir: Ronw Protheroe, Mair Rowlands a Caryl Parry Jones yn gweld y sefyllfa'n ddigri!

Wil Morus Jones a fi, *Beth Sut Pam Pryd a Ble?* ar HTV.

Gillian Elisa a fi mewn golygfa o *Does Unman yn Debyg i Gartref*.

Fi yn dangos fy ochr fenywaidd ar *Fflat Huw Puw*, gyda'r diweddar Gwyn Parry a Iestyn Jones.

Iestyn Jones, fi a Marged Esli eiliad cyn i Iona Banks ddechrau canu a chychwyn pwl anferth o chwerthin.

Fi fel John yn 'Y Rhwyg', *Dihirod Dyfed*.
Llun: S4C

Naomi Jones a fi yn *Dinas*.

Richard Michley a fi yn *Ffugwyr San Clêr*.
Llun: S4C

Fi, Elen Rhys a Dafydd Edmwnd,
Rargian Fawr, 1988.

Gwyn Hughes Jones, fi a Robin Davies-Rollinson, dau fòs a ddaeth yn ddau gyfaill.

Llun: John Waldron

Derek a Sarjant James (Ieuan Rhys), dau elyn ar y sgrin fach ond ffrindiau oes mewn gwirionedd.

Llun: John Waldron a'r BBC

Fi fel Derek yn trio'n rhy galed i edrych yn seren!

Llun: John Waldron a'r BBC

Llun cyhoeddusrwydd cyntaf
Derek i'r BBC.
Llun: John Waldron a'r BBC

Denzil, Derek a Clem ar set
y bar yn y Deri Arms. (Gwyn
Elfyn, Fi a Glan Davies.)
Llun: John Waldron a'r BBC

thebyg hefyd, oni bai am y ddamwain. Rwy'n argyhoeddedig taw'r ddamwain oedd y prif achos i ni wahanu. Mae sens yn dweud bod rhesyme ychwanegol o reidrwydd ond yn sicr ychwanegodd y ddamwain atyn nhw.

Nôl yng Nghaerdydd, dechreues yfed yn drwm a gwario orie lawr yn y Docs yn dioddef tristwch llethol. Yn amal byddwn i yn y North Star ar 'y mhen 'yn hunan ac yn prynu potelaid o whisgi yn yr offi ar y ffordd nôl i'r fflat. Does dim rhyfedd i fi fethu fy mlwyddyn brawf dysgu, er bod rhesyme erill hefyd rwy'n siŵr – fel y cawn weld.

PENNOD 7

Who the f**k are you then?

TUAG AMSER Y Pasg yn fy mlwyddyn olaf yng Nghyncoed ces gyfweliad am swydd athro Cymraeg yn ysgol Sant Ilan, Caerffili. Rown i'n awyddus i aros yn ardal Caerdydd er mwyn bod yn agos at Eleri. Fy nhad aeth â fi i'r cyfweliad ac roedd wrth ei fodd tuag awr yn hwyrach pan ddywedes wrtho 'mod i wedi ca'l cynnig y swydd. Y mis Medi canlynol rown i'n mynd i ddechrau ar fy mlwyddyn brawf fel athro llawn amser dan oruchwyliaeth y diweddar John Albert Evans. Fel digwyddodd hi roedd y flwyddyn addysg 1979-80 yn un i'w chofio, am resyme negyddol yn benna.

Ar ôl cyrraedd yr ysgol daeth yn amlwg i fi nad oedd y brifathrawes, Miss Winifred Smith, yn or-hoff o'r Gymraeg fel pwnc. Yn rhyfedd iawn wnaeth neb ofyn i fi yn ystod fy nghyfweliad pa bwnc y gallwn ei gynnig fel ail opsiwn. Roedd digon o athrawon Saesneg ganddyn nhw, meddai Miss Smith. Pa bwnc arall gallwn gynnig? Gwelodd fy mod mewn penbleth, felly gofynnodd i fi beth astudies i lefel A. "Daearyddiaeth," medde fi, gan ychwanegu 'mod i wedi ffaelu'r pwnc. "Dim ots," meddai, "gallwch chi ddysgu Daearyddiaeth." "A wnaethoch chi gwrs dysgu plant ag anghenion arbennig?" oedd y cwestiwn nesa. "Naddo," medde fi. "Dim ots," medde hithe eto, "gallwch chi ddysgu dosbarth 3H" sef y plant AA.

Ces groeso cynnes gan Trefor Roach, pennaeth yr ysgol isaf.

Roedd Trefor yn ddyfarnwr rygbi ac yn cymryd diddordeb yng nghanlyniade'r Old Cantonians. Cynnes hefyd oedd croeso Gari Lewis, pennaeth yr adran Gymraeg. Aelod arall yn yr adran oedd Gareth Jones, dau Mr Jones yn dysgu Cymraeg, felly. Doedd hi ddim yn broblem oherwydd roedd Gareth ymhell dros ei chwe throedfedd o daldra. Felly Big Mr Jones a Little Mr Jones fuodd hi!

Yno cwrddes â Helen Mathews, athrawes drama. Daeth Helen a finne'n dipyn o ffrindie, cyfeillgarwch sy'n parhau hyd heddiw. Fe wnaeth Helen adael y byd dysgu i ymuno â'r Metropolitan Police yn Llundain. Down i ddim yn gwybod ar y pryd taw byr iawn fydde fy ngyrfa dysgu inne yno hefyd.

Yn ystod fy wythnos gynta yn yr ysgol uwchradd fe gwrddes â dosbarth 3H am y tro cynta. Cerddes i mewn i'r ystafell yn llawn hyder a gosod fy mag ar y ddesg. Cododd merch ifanc ar ei thraed a gofyn y cwestiwn anfarwol "Who the f**k are you then?" Mae dweud 'mod i wedi ca'l fy mwrw oddi ar fy echel yn *understatement*. Dwi ddim yn cofio'i henw ond fe alwa i hi'n Jane er mwyn gorffen y stori. Anwybyddes y cwestiwn a dosbarthu'r pensilie a'r papure o amgylch y dosbarth. Pan oedd y plant wedi setlo fe ddechreues y wers drwy ddweud "OK, to answer your question in the back, my name is Mr Jones and I'll be teaching you Geography for this year". Fe acth y wers yn syndod o dda. Wrth gamu i mewn i'r ystafell athrawon gofynnodd nifer o 'nghydweithwyr i fi sut aeth hi gyda Jane? "Iawn!" medde fi, er mawr syndod iddyn nhw.

A dweud y gwir o'r foment honno, Jane fydde'r cynta i gynnig help yn y dosbarth. Fuodd dim problem ynglŷn â defnyddio iaith anweddus wedyn chwaith dim ond unwaith wrth wneud gwaith ar y planede fe glywes hi'n sibrwd dan ei hanal, "Now where the f**k does Jupiter go?" Gwenu wnes i. Ychydig fisoedd yn ddiweddarach fe weles Jane yn ca'l ei chodi gan ei thad y tu fas i gatie'r ysgol yn Heol Pontygwyndy. Roedd sgwrs ei thad yn llawn rhegfeydd mwya ofnadwy gan gynnwys y gair f**k sawl gwaith. Dealles y foment honno bod "Who the f**k are you then?" yn gwestiwn digon naturiol i'r groten. Pwr dab â hi. Beth ddaeth ohoni tybed? Fe sylweddoles hefyd pe bawn wedi'i hanfon at y brifathrawes am regi yn y wers gynta honno, bydde hi wedi bod yn frwydr rhyngon ni am y flwyddyn gyfan, mwy na thebyg. Lwc? Bod yn athro craff? Pwy a ŵyr? Lwc mwy na thebyg.

Yn ystod y tymor cynta, ces fwy o drwbwl gyda'r brifathrawes na'r plant. Rown i fod fynd un dydd Gwener gyda'r Old Cantonians i chware tîm yn Llundain o'r enw Old Emmanuels. Gofynnes wythnose cyn hynny am y diwrnod bant yn ddi-dâl. Gwrthodwyd fy nghais gan Miss Smith. Roedd yn rhaid i fi fodio i Richmond ar ôl gorffen gwaith ar y dydd Gwener hwnnw er mwyn ymuno â'r tîm. Pan adawodd y Cantonians am eu gêm ar y dydd Gwener ymhen tipyn, ffonies yn gynnar yn y bore a dweud 'mod i'n dost. Dysges yn gyflym ei bod hi'n talu'n well weithie i beidio â dweud y gwir, gan i fi gael fy nhalu am y diwrnod hefyd er 'mod i wedi dweud celwydd.

Un diwrnod fe sylwodd Miss Smith bod gen i rwymyn ar fy ngarddwrn.

"A rugby injury, Mr Jones?"

"Yes!"

"How long before you can play again?"

"About four weeks, Miss Smith!"

"There we are then."

Yna, fe ges alwad gan Benny Edwards, cadeirydd y clwb yn ystod yr wythnos gynta ar ôl yr anaf.

"Neil (capten y clwb) says you can't play on Saturday against Pill Harriers."

"That's right."

"Look Phil Morgan is going to a wedding and we can't get hold of 'Chunky Williams' so we're short a scrum half."

"But my wrist is strapped up, Benny!"

"We'll put some more strapping on it. You'll be OK. Pill Harriers are cr*p, anyway."

"Well ..."

"Good man JH. See you Saturday in the Maltsters!"

Yn anffodus, doedd Pill Harriers ddim mor wael ag y crybwyllodd Benny. Yng nghanol yr ail hanner, enillon ni'r bêl mewn sgrym ac fe es i'w chodi rhwng coese'r wythwr. Fe roddodd sgrym Pill Harriers wthiad nerthol ar yr un pryd ac fe golapsiodd ein pac ni o ganlyniad i'w gwthiad nhw ar fy ysgwydd. Teimles yr ysgwydd yn datgymalu ac wrth i'r chwaraewyr eraill godi oddi ar y llawr, teimles yr ysgwydd gyda help y tenynnau'n snapio nôl i'w le. Poen, peidiwch â sôn. Roedd yn rhaid i fi adael y cae a gwneud fy ffordd 'nôl i'r stafell wisgo. Roedd y gêm wedi gorffen a'r ddau dîm wedi ca'l cawod cyn i fi hyd yn oed allu tynnu 'nghrys chwarae.

Yng Nghlwb Pill Harriers dywedodd un o'r gwrthwynebwyr wrtha i, "Don't go to the Royal Gwent. You'll be there for days. Have a pint instead!" Fel mae'n digwydd rown i wedi trefnu cwrdd â merch yn nhafarn yr Halfway y noson honno, felly penderfynes gadw at y trefniade. Cwrddes â hi ac eistedd gyda 'mraich yn pwyso ar ochr y sedd drwy gydol y noson. Pan ddaeth yn amser i fi godi roedd y poen yn waeth a bu'n rhaid i fi fynd i'r ysbyty yng Nghaerdydd. Oedd, roedd yr ysgwydd wedi datgymalu a nifer o'r cyhyrau y tu fewn wedi'u dal rhwng yr esgyrn. Roedd rhaid datgymalu'r ysgwydd eto er mwyn ca'l y cyhyrau nôl i'w lle. Y dydd Llun canlynol gyda 'mraich mewn sling go fawr, pwy oedd y person cynta i fi ei gweld? Miss Smith. Yn lle dweud wrthi 'mod i wedi syrthio lawr y grisiau yn y fflat, dywedes y gwir wrthi. Roedd y cwmwl du uwch ei phen yn ddigon clir i'w weld o bellter. Esiampl arall lle nad yw gonestrwydd yn talu.

Nid rygbi yn unig roddodd fi mewn trwbwl gyda Miss Smith. Un diwrnod fe alwodd hi fi mewn i'w hystafell i drafod fy newis o wisg. Roedd Mam wedi creu siart lliwie i fi er mwyn i fi edrych yn deidi ac yn smart yn yr ysgol. Y diwrnod hwnnw rown i'n gwisgo crys brown o dan siwmper beij, trowsus brown tywyll cordiwroi (trowsus rib bydde Dad yn ei alw) ac esgidie swed brown tywyll. Ufuddhau i siart lliw Mam. "I require my male staff to wear a jacket, shirt and tie, Mr Jones. Do you think you could manage that?" Nawr, rwy'n cyfadde bod yr hyn wnes i nesa yn anaeddfed ac yn annoeth o ystyried 'mod i ar fy mlwyddyn brawf.

Fydde coethan gyda Miss Smith byth yn mynd i weithio, felly penderfynes wneud pwynt yn fy null unigryw fy hun. Y noson honno, fe fenthyces siaced ledr ffug ddu gan ffrind yn y clwb rygbi, crys coch gan un arall a thei kipper gwyn llachar gan un arall. Roedd gen i drowsus flares gwyrdd llachar a sgidiau platfform melyn fy hun. Dyna wisges y diwrnod canlynol. Es yn syth i swyddfa Miss Smith a dangos iddi 'mod i'n gwisgo siaced, crys a thei. Roedd ei hwyneb yn bictiwr ac fe ymddangosodd y cwmwl mawr du eto uwch ei phen felly doedd dim eisie iddi ddweud gair. Doedd Mam ddim yn hapus chwaith pan ddwedes wrthi. Roedd peidio dilyn y siart lliwie yn un peth ond roedd y ffaith 'mod i wedi bod mor dwp a heriol yn rhywbeth arall. Ond pan ddwedes wrthi taw dyna'r unig ffordd i ddangos i rywun fel Miss Smith y galle rhywun edrych yn smart heb dei ac yn ofnadwy mewn siaced, fe feddalodd ychydig, achos 'mod i'n blentyn iddi mwy na thebyg.

Er mai fi sy'n dweud, rown i'n athro cymharol boblogaidd gyda'r plant yn Ysgol Sant Ilan, ac fe gadarnhawyd hyn wrth i fi gyfarfod â rhai o'm disgyblion flynyddoedd yn ddiweddarach. Mae un ohonyn nhw, Stuart Spragg, neu Spraggy fel y galwyd e yn yr ysgol, yn ffrind i fi ar Facebook heddiw. Cwrddes â chyn-ddisgybl arall, sef Siân David, wrth ei gwaith yn rheolwraig swyddfa'r Principality yn Heol Albany, Y Rhath.

Ar ddiwedd fy nhymor ola o'm blwyddyn gynta fel athro, fe drosglwyddodd John Albert Evans y neges 'mod i wedi methu fy mlwyddyn brawf. Bydde Nhad wedi'i siomi, ond ychydig cynt ar y 12fed Gorffennaf bu farw yn Ysbyty Glangwili o ganlyniad i gael dwy strôc, ac ynte wedi cael trawiad ychydig ddiwrnode yn gynt. Doedd dim byd yn bwysig i fi wedyn. Roedd hyn yn sioc i bawb, gan taw fy mam oedd yn dost a Nhad fydde'n edrych ar ei hôl. Ffoniodd fi o'r ysbyty a dweud wrtha i, â chyffro yn ei lais, ei fod yn ca'l dod gatre y diwrnod wedyn. Yna cafodd y ddwy strôc yn dilyn ei gilydd yn gyflym a syrthio i goma. Ffoniodd Rob fi a dweud y dylswn ddod gatre'n syth. Ces lifft yr holl ffordd i Glangwili o Gaerdydd gan Jim Kerr o'r Cantonians a'i wraig Michelle. Anfonodd y meddygon fy mrawd a finne gatre gan ddweud y bydden nhw'n ffonio pe bai unrhyw newid yng nghyflwr Dad. Y bore canlynol fe gawson alwad y dylen ni fynd nôl ar frys i Glangwili, ond erbyn i ni gyrraedd roedd Dad wedi marw. Colli Nhad oedd y foment wnes i aeddfedu fel person rwy'n credu.

Yn naturiol, doedd dim rhaid i fi fynd yn ôl i'r ysgol wedi'r ergyd drom yma a chynhaliwyd angladd fy nhad yn Amlosgfa Arberth ar yr 16 Gorffennaf. Cawson ni wasanaeth byr yn Y Gorlan, cartref Rob ac Eirian a'r plant, Steff a Siwan, gan taw yno i Bwll Trap yr aeth Mam pan gludwyd Dad i'r ysbyty yr wythnos flaenorol. Roedd Mam yn rhy dost ac yn rhy wan i fynd i Arberth ond cafodd gyfle i ffarwelio â Nhad ar ddiwrnod y cynhebrwng. Roedd hyn yn bwysig i ni i gyd fel teulu. Gwnaeth Eleri'r ymdrech i ddod i'r angladd, er ein bod wedi gwahanu yn gynharach yn y flwyddyn. Ymysg y galarwyr yn ymuno â'r teulu a ffrindie agos, roedd cynrychiolwyr sefydliadau ar hyd a lled Cymru gan gynnwys Gwynfor Evans. Bryd hynny sylweddoles mor uchel ei barch oedd fy nhad ac fe gafodd angladd barchus a theilwng iawn. Sylweddoles hefyd na fyddwn i'n gallu codi'r ffôn iddo bellach i ofyn am gyngor na derbyn help i ddatrys probleme gan ŵr a fuodd yn graig i fi a'r teulu. Bydde'n rhaid gwneud y penderfyniade pwysig ar 'y mhen fy hunan bellach, ond fe gamodd Rob i mewn i'w sgidie ar sawl achlysur. Ma' lot o Nhad yn fy mrawd.

Ar ôl gwylie'r haf, roedd yn rhaid dychwelyd i Ysgol Sant Ilan a chychwyn ar flwyddyn brawf arall. Roedd Miss Smith wedi ymddeol ac yn ei lle daeth prifathro newydd, Russel Cornelius. P'un ai ei bresenoldeb e neu'r ffaith i fi gallio ar ôl colli Dad oedd y rheswm, fe fwries ati i wneud yn siŵr y byddwn i'n llwyddo y tro hwn.

Yn wir, roedd yr ail flwyddyn o'm gyrfa dysgu yn bleserus tu hwnt ac rown i'n dechrau magu blas at fod yn athro. Rown i'n chwarae llai o rygbi i'r Cantonians gan y byddwn i'n mynd gatre i Bwll Trap i gadw cwmni i Mam bob yn ail benwythnos ac ar ddechre mis Mai fe gwrddes â Liz.

Roedd pethe'n datblygu'n dda yn yr ysgol a fi fydde'n gyfrifol am gynnal disgos y chweched dosbarth. Yn wir des i fwynhau bod yno. Yna daeth y sioc. Fe benderfynodd yr Awdurdod Addysg ym Morgannwg Ganol fod gormod o athrawon yn Sant Ilan a'r adran a ddewiswyd i golli aelod o staff oedd yr adran Gymraeg. Gari Lewis ddwedodd wrtha i ar ddechrau tymor yr Haf 1981. Y pryd hynny roedd gan y Sir hawl penderfynu i ba ysgol y byddai athro yn mynd iddi. Roedd 'da fi gytundeb parhaol felly doedden nhw ddim yn gallu ca'l gwared arna i a bydde'n rhaid iddyn nhw ddod o hyd i swydd i fi. 'Redeployment' oedd y term a ddefnyddiwyd. Yn y cyfamser rown i wedi gweld hysbyseb yn y *Western Mail* am athro Cymraeg yn ysgol Lewis i Ferched yn Ystrad Mynach. Fe dynnes sylw John Albert Evans ac fe drefnwyd i fi ymweld â'r ysgol i gyfarfod â'r pennaeth a'r staff. Rhaid fy mod wedi creu argraff bositif gan i'r Sir ddileu'r hysbyseb a'm penodi'n athro Cymraeg a Saesneg yn yr ysgol honno i gychwyn y mis Medi canlynol. Ychydig ar ôl hynny fe drosglwyddodd John Albert y newyddion da i fi 'mod i o'r diwedd wedi llwyddo yn fy mlwyddyn brawf ac rown i bellach yn athro trwyddedig. Rown i ar ben fy nigon a'm gyrfa'n mynd o nerth i nerth – nes imi ddechre dysgu yn Ysgol Lewis i Ferched. Yno, newidiodd fy agwedd yn llwyr at ddysgu ac fe sylweddoles yn go glou na fyddwn i'n aros yn rhy hir ym myd addysg.

PENNOD 8

Argy Bargy a Ffalabalam

PAN ES I Ystrad Mynach, roedd yn rhaid codi'n fore a cherdded o 'nghartre newydd yn 117 Rhymney Street i orsaf Stryd y Frenhines unwaith eto. Dydw i ddim, fel mae pawb sy'n f'adnabod yn dda yn gwybod, ar fy ngore yn y bore. Ar ôl rhyw dair wythnos des yn gyfeillion gydag Edryd a Helen Evans, cwpwl priod a oedd ar y pryd yn byw yn Y Rhath. Roedd Edryd yn perthyn i'r Parch Towyn Jones, y gweinidog a ddaeth i Heol Awst ar ôl fy nhad. Fe ges gynnig lifft i'r gwaith a chyfle, wrth sgwrsio ar y daith, i ddod i adnabod a chreu ffrindie ymhlith staff yr ysgol.

Dechreuodd pethe'n dda yn Ystrad Mynach. Bydde'r dynion ar y staff yn Ysgol Lewis i Ferched yn cyfarfod bob nos Iau i chwarae pêl-droed pump bob ochr yn y ganolfan hamdden ac fe ddes yn hoff iawn o chwarae pêl-droed, er mai chwaraewr digon gwael own i a bod yn onest. Trefnwyd ein bod yn ffurfio tîm staff i chwarae ambell gêm yn lleol ac aem mor bell â Phen-y-bont. Un peth sy'n aros yn y cof yw bod un o aelode'r staff wedi ca'l set o gryse ffwtbol yn citha rhad, tua phunt yr un os wy'n cofio'n iawn. Dim syndod a dweud y gwir gan taw crysau Admiral, tîm cenedlaethol Lloegr oedden nhw! Do, fe chwaraes bêl-droed yn gwisgo crys Lloegr. Ga i faddeuant yn y nefoedd? Gobeithio'n wir gan 'mod i'n ifanc a ffôl ar y pryd. O, ac fe sgores i gôl mewn gêm gyfartal ym Mhen-y-bont hefyd!

57

Rown i'n eitha mwynhau dysgu. Es ati i addurno fy stafell ddosbarth gyda llunie a phosteri o enwogion Cymru ar y pryd. Roedd poster o'r hen Shaking Stevens â bwbwl llais yn datgan ei fod yn hoffi Cymraeg. Down i ddim yn hoff o'r holl waith papur a ddaeth i'm rhan fel athro dosbarth, na pharatoi adroddiade blynyddol y plant. Nid oedd cyfrifiaduron na thabledi fel yr i-pad ar ga'l yr adeg honno wrth gwrs ac roedd y broses o goladu adroddiade athrawon y gwahanol bynciau at ei gilydd yn broses gymhleth ac araf iawn, iawn. Roedd Mrs Hemmings, y brifathrawes, yn hoff iawn o fanylder y system a doedd dim unrhyw ffordd o osgoi'r broses. Cryfder y system, yn ei thyb hi, oedd y ffaith nad oedd unrhyw athro yn ca'l gweld beth fydde athro arall wedi'i ysgrifennu am blentyn unigol. Yr unig athro a gâi weld hyn fydde'r athro dosbarth. Ces fy siomi gan Mrs Hemmings a dysgu nad oedd y system yn gweithio fel y dylai wneud. Ysgrifennes adroddiad llym ar ymddygiad a gweithgarwch un o'r merched yn fy ngwersi Cymraeg. Gofynnodd Mrs Hemmings i fi newid f'adroddiad gan fod adroddiade'r ferch yn y pyncie eraill yn glodwiw. Gwrthodes. Fy nadl oedd efalle fod y groten yn ymddwyn fel angel yn nosbarthiade athrawon eraill ond dyna oedd fy mhrofiad i ohoni. Gofynnodd Mrs Hemmings wedyn a fydden i'n fodlon meddalu ychydig ar fy newis o eirie. Dealles y foment honno nad oedd i adroddiade unrhyw werth os nad oedd lle i onestrwydd athro. Dyna foment rwy'n siŵr pan ddechreues amau ai athro yr own i am fod am weddill fy mywyd.

Yn ystod fy nghyfnod yn Ystrad Mynach digwyddodd rhywbeth a darodd yr hoelen olaf i'r arch. Fe ddigwyddodd rhyfel y Malvinas. Un bore fe gerddes i mewn i stafell yr athrawon yn yr ysgol isaf. Roedd criw o athrawon yn eistedd o amgylch y bwrdd a'u penne yn eu plu. Gofynnes iddyn nhw beth oedd o'i le. Dangosodd un ohonyn nhw bennawd yn y *Sun* i fi. Roedd milwr o Brydain wedi colli ei fywyd mewn damwain hofrennydd wrth i filwyr Prydain gyrraedd ynysoedd

Y Malvinas. Dywedes fod rhywbeth fel hyn i'w ddisgwyl mewn rhyfel ac ychwanegu na ddylen ni, yn fy marn i, fod wedi anfon llu arfog i'r ynysoedd yn y lle cynta a taw ffolineb oedd unrhyw ryfel. Doedd fy sylwade ddim yn plesio mae'n amlwg.

Ychydig wythnose wedyn fe suddwyd y Belgrano, llong yr Ariannin, ac fe'm croesawyd i'r ystafell staff gan yr un criw o athrawon yn gwenu o glust i glust ac yn chwifio papur newydd y *Sun* o 'mlaen gyda'r pennawd anfarwol 'Argy Bargy'. Myneges fy marn, yn rhy gadarn efalle o ystyried, 'mod i'n siomedig gyda'u hagwedd, gan ei fod yn eitha posib bod bechgyn o dras Cymreig ar fwrdd y Belgrano, gan atgoffa pawb bod gan Batagonia yn yr Ariannin gysylltiade cryf â Chymru. Rhyfel yw rhyfel oedd yr ateb ges i a'i bod hi'n dda bod ein milwyr ni'n gallu edrych ar ôl eu hunain. Pan ddigwyddodd trychineb Bluff Cove, a'r wynebe trist yn ôl o amgylch y bwrdd, fe ddywedes unwaith eto taw peth ofnadwy oedd rhyfela a 'mod i'n siomedig bod athrawon â chyfrifoldeb am addysgu plant yn ymhyfrydu mewn rhyfel, pan oedd milwyr ifanc yn ca'l eu lladd ar y ddwy ochr.

Er mawr siom i fi, gwnaeth un o'r athrawon gŵyn yn fy erbyn i'r brifathrawes gan ddatgan nad own i'n Brydeiniwr a 'mod i'n achosi anghydfod yn ystafell yr athrawon. Aeth yr achos ddim pellach, a daeth rhyfel y Malvinas i ben yn eitha cyflym ar ôl hyn i gyd. Rhaid dweud serch hynny nad oedd pob athro yn yr ysgol wedi fy siomi. Roedd y mwyafrif yn fodlon derbyn bod dwy ochr i bob dadl ac roedden nhw'n gwybod nad own i'n berson maleisus ac yn derbyn hefyd 'mod i'n genedlaetholwr tanbaid.

Gwnes benderfyniad, serch hynny, nad own i am aros yn yr ysgol funud yn hirach na fydde'n rhaid a dechreues chwilio am swydd arall. Doedd symud i ysgol arall am y trydydd tro mewn dwy flynedd ddim yn apelio felly pan weles hysbyseb yng ngholofnau'r *Cymro* bod HTV Cymru yn chwilio am gyflwynwyr, fe benderfynes geisio am un o'r swyddi. Wedi'r

59

cyfan, cyflwyno yw gwaith beunyddiol athro a chredes y bydde siawns dda 'da fi lwyddo. Roedd Edryd a Helen yn rhannu fy ngorfoledd wrth i fi ga'l cynnig cytundeb gan HTV a chafodd nifer o'r staff sioc pan roddes wybod 'mod i am orffen yn yr ysgol.

Sonies i ddim wrth Mam na 'mrawd 'mod i wedi gwneud hyn. Roedd yn risg enfawr, rhoi'r gore i sicrwydd swydd am gytundeb o dri mis mewn byd ansicr ar y gore. Ond roedd ofn arna i y byddwn i'n edifar ar hyd fy mywyd pe na bawn yn rhoi cynnig arni. Wedi'r cyfan rown i'n athro trwyddedig bellach a gallwn gynnig am swyddi dysgu eto pe bai rhaid. Ie, 'fait accompli' oedd hi pan ddwedes wrth Mam a Rob.

Roedd Liz yn gefn i fi hefyd erbyn hyn. Fe symudodd i mewn i fyw gyda fi ddeuddydd ar ôl i fi ei chyfarfod. Doedd dim cyfrifoldeb mwy na morgais ar fy ysgwydde ac roedd y ddau ohonon ni'n ffyddiog y byddwn i'n llwyddo. Fel mae'n digwydd, fe welodd cyfaill i fi o Gaerfyrddin fy llythyr cais yn HTV; Ronw Protheroe, mab arall i weinidog o Gaerfyrddin oedd yn berchen ar hiwmor tebyg i f'un i. Roedd Ronw a finne wedi bod mewn sawl cyngerdd pop Cymraeg gyda'n gilydd gan gynnwys un yng Nghorwen lle gwnaeth y ddau ohonon ni esgus ein bod yn dod o Lydaw. Roedd hyd yn oed siwmper lawn streips glas a gwyn fel Sioni Winwns 'da fi. Y profiad cynta o actio efalle.

Tynnodd Ronw sylw penaethiaid HTV at fy nghais ac fe ges gyfweliad yn HTV. Y diweddar Peter Elias Jones a'r diweddar Alun Sbardun Huws oedd yn fy nghyfweld. Fe aeth y cyfweliad yn dda achos penderfynwyd cynnig un rhaglen brawf i fi fel cyflwynydd gwadd ar y rhaglen anfarwol i blant bach, *Ffalabalam*. Roedd hyn yn golygu teithio i'r Wyddgrug o Gaerdydd. Ger Theatr Clwyd yn yr Wyddgrug roedd gan HTV stiwdio fechan y bydden nhw'n ei defnyddio o bryd i'w gilydd pan fydde rhaglenni eraill yn ca'l eu recordio yn Stiwdios Pontcanna.

Cynigodd Liz yrru'r ddau ohonon ni i'r gwesty yn yr Wyddgrug i gyfarfod â'r criw cyn mynd i'r stiwdio y diwrnod canlynol. Roedd Ronw yn cyfarwyddo ac wedi trefnu 'mod i a Liz yn ymuno â'r criw am fwyd tua wyth o'r gloch, ond chyrhaeddon ni ddim tan rhyw dri o'r gloch y bore. Roedd Liz newydd basio ei phrawf gyrru a gyda help ei thad, Ken, wedi prynu hen Hillman Imp Californian. Car bach neis yr olwg a'r injan yn y cefen. Er mwyn cadw ei drwyn ar y ddaear roedd rhaid rhoi breeze block yn y bwt yn y tu blaen. Roedden ni wedi cyrraedd Henffordd pan ddechreuodd y car bach rwgnach – doedd e ddim yn hapus wrth deithio mor bell o Gaerdydd. Yn y diwedd fe rewodd y gerbocs a doedd dim modd symud ymhellach. Doedd dim ffonau symudol bryd hynny felly cerddes am ryw filltir i ffonio'r RAC. Dim byd ar ga'l am ddwy awr. Ffonio'r gwesty wedyn i drosglwyddo neges i griw HTV y bydden ni'n hwyr yn cyrraedd. Roedd dewis wedyn pan gyrhaeddodd y lori RAC, mynd â ni nôl i Gaerdydd neu mynd â ni i garej yn Yr Wyddgrug. Gan fod y rhaglen brawf yn bwysig penderfynon ni gario mlaen ar y daith, Liz a finne yng nghaban y gyrrwr lori a'r car bach yn dwt ar y trailer. Gadawon ni'r car y tu fas i ryw garej yn Yr Wyddgrug a chwarae teg i'r gyrrwr aeth â ni i'r gwesty. Roedd Ronw a Mair Rowlands, un o'm cyd-gyflwynwyr, wedi aros lan i'n croesawu.

Yn y bore aeth Liz i'r garej i sortio'r car ac es i gyda'r criw i stiwdio HTV yn Theatr Clwyd. Thema fy rhaglen brawf oedd Sindarela a'm cyd-gyflwynwyr oedd Elfed Dafis a Mair. Roedd Mair yn chwarae Sindarela, Elfed y tad, a'r teganau, Bwni Binc, Huwcyn y Panda un llygad, Sara'r Ddol, Lleucu Llwynog ac ati yn chwarae'r cymeriade eraill. Beth own i? Peidiwch â chwerthin. Prins Charming! Roedd Liz wedi tynnu fy nghoes yn ddi-baid crs i fi dderbyn y sgript ei bod wedi ffeindio'i thywysog. Anghofia i fyth y ddawns rhwng Mair a finne. Roedd garlleg wedi chwarae rhan fawr ym mhryd bwyd y criw y noson flaenorol ac roedd arogl hwnnw yn gryf yn y stiwdio. Iawn pe bawn inne wedi'i fwyta hefyd ond anodd oedd closio at Sindarela am y ddawns yn y palas. Mae Mair a finne wedi aros yn ffrindie ond ddim wedi gweld llawer o'n gilydd ers dyddiau *Ffalabalam*. Menyw hyfryd yw Mair ac fe ddysges lawer yn ei gwylio wrth ei gwaith. Des i adnabod a gwerthfawrogi cyfeillgarwch y criw cyfan y diwrnod hwnnw yn arbennig wrth gwrs, Elfed a Mair.

Nawr rhaid dweud 'mod i'n berson naïf tu hwnt yn mentro i fyd y cyfryngau. Gofynnodd rhywun i fi oedd 'da fi garden.

"Carden?" gofynnes. "Oes rhywun yn dathlu pen-blwydd heddi?" "Cerdyn Aelodaeth Equity, y twpsyn."

Roedd yn rhaid bod yn aelod o Equity er mwyn ca'l gwaith actio. Catch 22 oedd y ffaith bod yn rhaid profi i Equity fod 'da chi gytundeb ac anodd cael cytundeb heb gerdyn. Dywedes taw cyflwynydd o'n i nid actor. Yr ateb ges i oedd bod siarad gyda thegane meddal ac esgus 'mod i'n eu deall nhw'n siarad yn cyfrif fel actio.

Pe bai rhywun yn trafferthu edrych ar y credits ar ddiwedd penode cynnar y gyfres gynta o *Torri Gwynt* fe fydden nhw'n sylwi ar yr enw Hywel Jones. Pan gyniges am aelodaeth Equity dan yr enw hwnnw, fe ddes i wybod bod Hywel Jones arall yn bodoli fel aelod yn barod a bod yn rhaid i fi gynnig enw gwahanol. Bues i'n meddwl o ddifri am gynnig Hywel ap Emrys. Doedd Liz ddim yn or-hoff o hwnnw ac yn credu'n gryf y bydde gollwng yr ap yn creu enw mwy bachog. Felly dyna a fu. Fe newidies fy enw i Hywel Emrys a dyna ydw i hyd heddiw. Penderfynodd Liz taw 'Emrys' fydde ei chyfenw ar ôl i ni briodi ac Emrys yw cyfenwe'r plant hefyd.

Ta beth, gwnes gais am gerdyn Equity gan anfon copi o'm cytundeb tri mis ar *Ffalabalam*. Ces fy nerbyn ac rwy wedi bod yn aelod o'r undeb ers y diwrnod hwnnw. Lwcus i fi wneud achos byr iawn oedd fy ngyrfa ar *Ffalabalam*. Yn ystod fy sesiwn recordio Sindarela, aeth Liz i sortio ei char. Doedd dim niwed mawr i'r gerbocs; angen lubricant mae'n debyg. Felly roedd y car yn barod i'n cludo nôl i Gaerdydd. Yn anffodus roedd y bil yn gostus iawn am jobyn mor fach. Buodd Nic Parry'n ddigon caredig i helpu Liz ac fe gafodd hi'r rhan fwyaf o'i harian yn ôl wedi dadle'i hachos. Roedd Nic ar y pryd yn sylwebydd chwaracon yn ogystal â bod yn gyfreithiwr. Wnaeth Liz byth anghofio'i garedigrwydd.

Nôl i Gaerdydd felly, mis arall o ddysgu yn Ysgol Lewis i Ferched cyn dechrau ar fy ngwaith newydd fel cyflwynydd *Ffalabalam* ym mis Ionawr. Daeth yn amser i fi ddweud wrth Mam a Rob am fy mhenderfyniad. Fe ges sêl eu bendith er dwi'n siŵr eu bod yn pryderu amdana i ond roedden nhw'n gallu gweld pa mor gryf roedd Liz fel person a gyda hi'n gefen i fi, dechreuodd yr antur.

Un effaith negyddol ar fy mywyd o fentro i fyd y cyfryngau wrth gwrs, oedd y ffaith y bydde'n rhaid i fi roi'r gore i chwarae rygbi gyda'r Old Cantonians. Buodd y profiade ges i 'da nhw, ar wahân i'r anafiade, yn fythgofiadwy. Maddeuwch i fi am y *detour* bach nesa wrth i ni fynd i fyd Michael Greene, awdur y llyfr *The Art Of Coarse Rugby*.

PENNOD 9

Dead Ants

MAE'N SYNDOD A dweud y gwir na orfodwyd fi i orffen fy ngyrfa dysgu bron cyn iddi gychwyn. Y prif reswm am hyn oedd fy nghysylltiad gyda Chlwb Rygbi'r Old Cantonians. Fel rwy wedi awgrymu'n barod dechreues chwarae iddyn nhw tra own i yn fy nhrydedd flwyddyn yng ngholeg Cyncoed. Yn 1980, aeth y clwb ar daith i Ogledd Cymru. Gêm yn erbyn Llandudno ar y nos Wener ac un yn erbyn Clwb Rygbi Porthaethwy ar y Sadwrn. Bore Gwener, roedd pawb i gwrdd y tu fas i dŷ Benny Edwards i ddal y bws. Roedd Ben, yn ogystal â bod yn athro gwaith coed, yn berchen ar westy Gwely a Brecwast yn Ninian Road, Y Rhath ac yn gasglwr diffoddwyr tân.

Daeth Dave Wall, sydd wedi aros yn un o'm ffrindie agosaf hyd heddiw, i ymddiheuro ei fod wedi cael galwad oddi wrth y cwmni bysus yn dweud fod y bws wedi torri lawr ac yn anffodus doedd dim bws arall ar gael. Bydde rhaid ffonio Llandudno a Phorthaethwy i ganslo'r daith. Doedd hyn ddim yn newyddion derbyniol i'r mwyafrif o'r chwaraewyr, ac fe gafodd Sean, nai Ben syniad sut y gallen ni ddatrys y broblem. Awgrymodd ffonio ffrind iddo oedd yn berchen ar fan Luton – fan cludo celfi! O fewn awr roedd y fan wedi cyrraedd a Ben wedi gwagio'r Gwesty o gadeirie esmwyth a matresi a throi cefn y fan yn fws cymharol foethus. Dim ffenestri ond roedd y to yn rhyw fath o blastig, felly roedd modd chwarae cardie ac agor poteli cwrw heb orfod straffaglu mewn tywyllwch. Ar y daith, bob tro bydde'r fan yn stopio ger goleuadau traffig, bydde'r criw yn y cefen yn gwneud syne gwahanol anifeiliaid, gan ddychryn yn ofnadwy un fenyw fach yn Henffordd. Mae'n siŵr ei bod hi'n pendroni sut galle hanner cant o wartheg Henffordd ffitio i mewn i fan Luton!

Un penwythnos arall roedd y Clwb yn chwarae dwy gêm yng Nghaerfaddon, yn erbyn Bath Civil Service ar y dydd Sadwrn a'r Pultney Arms ar y dydd Sul. Ychydig ddiwrnode cyn hynny cafodd Dave Wall alwad ffôn oddi wrth ein gwesty yng Nghaerfaddon yn canslo. Mae'n debyg i glwb rygbi Crwydriaid Morgannwg aros yno'r penwythnos blaenorol a dinistrio'r lle. Yn naturiol doedd y perchnogion ddim yn awyddus i groesawu tîm rygbi arall o Gymru. Yn y dyddie hynny doedd dim rhyngrwyd ac roedd Dave, pwr dab, yn gorfod ffonio gwestai gan ddefnyddio'i ddyfeisgarwch enwog wrth ddod o hyd i le yn y dref. Fe lwyddodd. Ffwrdd â'r clwb ar y bws, dim fan Luton y tro 'ma, a chyrraedd y gwesty mewn da bryd ar gyfer ymarferion cynhesu cyn y gêm yn erbyn y Civil Service. Wrth gwrs ymarferion cyn gêm yr Old Cantonians oedd cwpwl o beints a dyma Chris Morgan, un o'n blaenasgellwyr yn gofyn i'r hen fenyw fach a'n croesawodd i'r gwesty ble roedd y bar. "O", daeth yr ateb, "There is no bar here. This is a Temperance Hotel, young man." Chlywodd Dave mo'i diwedd hi'r penwythnos hwnnw. Ond chwarae teg iddo, daeth o hyd i westy ar fyr rybudd a gan mai hwn oedd yr unig westy oedd yn fodlon ein croesawu, gwnaeth yr hen Mistar Wall yn ocê.

Fel mae'n digwydd, roedd y gwesty rownd y gornel i'r Pultney Arms ac i'r fan honno y symudwyd yr ymarferion cyn y gêm. Di-fflach oedd y gêm yn erbyn Bath Civil Service. Prin rwy'n cofio'r sgôr hyd yn oed er rwy'n credu i ni ennill mewn gêm agos. Pan fydden ni'n eu chware ar drip diwrnod bydden ni'n llwyddo i roi crasfa iddyn nhw. Bydde'r OCs yn gallu chwarae'n dda o bryd i'w gilydd gan fod 'da ni ambell chwaraewr o safon mewn safleoedd allweddol ar y cae. Ar ôl y gêm fe gafon ni groeso arbennig gan ein gwrthwynebwyr. Roedd clwb Bath Civil Service yn eitha moethus, bar a digon o ddewis o ddiodydd i gadw pawb yn hapus, hyd yn oed Chris Morgan! Ar ôl hynny fe symudon yn ôl i'r Pultney Arms gan mai tîm yn cynrychioli'r dafarn honno fydde ein gwrthwynebwyr ar y Sul. Ar ôl sicrhau bod llawr y Pultney yn morio o gwrw – mae'n debyg fod gan Old MacDonald forfil ar ei fferm yn Lloegr – fe gafodd pawb ryddid i fynd i ba glwb bynnag o'u dewis i orffen y noson. Daeth Gary Rees, un o'n blaenwyr a chapten y clwb, yn enwog am gyflwyno merch ifanc olygus i weddill y tîm amser brecwast fore trannoeth. Dwi'n dal yn treio gweld sut ar y ddaear gwnaeth e hynny.

Roedd hi tua dau y bore a minne, Dave Wall a Nev Poole yn crwydro strydoedd Caerfaddon yn chwilio am rywle i gael cyrri. Daeth dau heddwas atom a gofyn a oedden ni'n mwynhau yn y dre hanesyddol hon. Ar hynny, daeth neges ar radio un ohonyn nhw.

"PC 453. Be aware there are some mad Welshmen on the loose tonight."

"Roger that, control. I've got three of them here. PC 453 out."

Ar y foment honno gweddïes na fydden nhw'n troi rownd. Rhwng eu 'sgwydde fe weles Chris Morgan yn croesi'r hewl y tu ôl iddyn nhw'n cario hanner baril bren ar ei linie a choeden Laurel yn sticio mas ohoni ar ongl o 45 gradd. Roedd Chris yn cael trafferth i'w chario. Wrth i ni siarad â'r ddau heddwas roedd 'tableau' fel ffilm slo-mo yn chwarae y tu ôl iddyn nhw. Trwy lwc a bendith fe ddiflannodd Chris rownd y gornel wrth i un o'r heddweision droi i ddangos i ni ble roedd y tŷ bwyta Indiaid agosa. Dim gair o gelwydd, o'r tu fas i hwnnw y cawsai'r goeden ei chipio gan Chris. Trwy ryw ryfedd wyrth ni chafodd un o fois y Cantonians ei arestio'r noson honno.

Hefyd, roedd yr hen fenyw fach annwyl a oedd yn rhedeg y gwesty dirwest yn llawn canmoliaeth i ni. Fe gelem ni groeso yno unrhyw bryd, medde hi. Fe wnaeth Nigel Moore, un o'n canolwyr, chwydu ar y carped ond gan ei fod wedi glanhau'r carped ei hun, roedd hi'n ddigon hapus. Ond cofiwch cafodd goeden Laurel mewn hanner baril bren yn anrheg 'da ni.

Drannoeth, aeth ein bws â ni, ar ôl brecwast swmpus, i fyny i gaeau'r Brifysgol i chware yn erbyn y Pultney Arms. Er mawr syndod i ni i gyd roedd ei maswr yn ŵr enwog tu hwnt. Gŵr y bydde Chris Morgan a Ben Edwards, fel blaenasgellwyr, yn eithaf hapus i wneud niwed corfforol dolurus iddo – fel y rhan fwya ohonon ni a dweud y gwir. Pwy oedd y gŵr hwnnw? Neb llai na John Horton. I nifer o bobol sy'n dilyn rygbi does dim angen eglurhad, ond fe oedd y maswr a oedd yn gwisgo crys gwyn rhif 10 Lloegr pan gafodd Paul Ringer, blaenasgellwr Cymru, ei anfon o'r cae yn Twickenham yn 1980. Arweiniodd tacl hwyr ar Horton gan Ringer at benderfyniad dadleuol a dweud y gwir gan David Burnett y dyfarnwr o Iwerddon. Yn ôl Ringer ei hun, Peter Wheeler, capten Lloegr, oedd ar fai am iddo ddweud wrth Burnett y bydde'r gêm yn troi'n 'bloodbath' pe bai Ringer yn cael aros ar y maes. Mae'n rhaid bod hynny wedi dylanwadu ar benderfyniad Burnett.

Rwy'n cofio mwy am y gêm honno na'r gêm yn erbyn y Civil Service. Dwi'n cofio bod Jon Luke, ein maswr ni, yn smygu sigarét ar ei ffordd o'r stafell newid i'r cae ac iddo'i ddiffodd ar linell hanner ffordd y cae cyn cymryd y gic gynta. Y Pultney Arms yn ennill y bêl o'r sgarmes a Horton yn taflu pas mas i un o'n canolwyr, hwnnw'n gollwng y bêl a chyn i neb allu symud roedd Jon Luke wedi rhyng-gipio a rhedeg fel cath i gythrel am eu llinell cais nhw. Fel Gareth Edwards yn erbyn yr Alban yn 1972 roedd Jon yn edrych o'i amgylch yn chwilio am gymorth. Roedd pawb ar wahân i'r dyfarnwr wedi sefyll yn stond. Rhedodd Jon ar hyd y cae cyfan, sgori dan y pyst ac yna chwydu ei frecwast dros y bêl. Rwy'n credu i'r gêm orffen yn gyfartal. Cais Jon oedd yr uchafbwynt a thestun trafod y sgwrs dros beint nôl yn y Pultney Arms. Ddaeth neb o'r Old

Cantonians yn agos at Horton drwy'r gêm. Hawdd gweld ei fod yn chwaraewr o safon am ei fod yn gwneud i bopeth edrych mor hawdd.

Roedd John Horton, yn fachan digon ffein ac yn ddigon parod cyfaddef fod Burnett wedi cael y penderfyniad dadleuol hwnnw yn anghywir. Chware teg iddo, cytunodd arwyddo Mat cwrw i Elfyn Morgan, un o'n hasgellwyr yn dweud, 'Ringer is Innocent!' ac ychwanegu ei lofnod, 'John Horton'. Tybed beth fydde gwerth y darn hwnnw o femorabilia i gasglwr llofnodion heddiw?

Ar y ffordd mas o Gaerfaddon ar y prynhawn Sul, fe stopiwyd y bws gan yr heddlu. Mae'n debyg bod rhywun yng Nghlwb y Civil Service wedi sylwi bod diffoddwr tân ar goll ac wedi dweud ei fod yn credu taw ni, yr Old Cantonians, oedd wedi'i ddwyn. Gan fod y diffoddwr tân yn y sêt ffrynt ger y gyrrwr yn gwisgo het a sgarff Cymru doedd dim modd i ni wadu'r cyhuddiad ac fe'n gorfodwyd i droi nôl am glwb y Civil Service i roi'r diffoddwr yn ôl yn ei briod le ar y wal. Dim diffoddwr tân newydd i westy Ben Edwards felly, wel, dim y tro hwnnw beth bynnag.

Fe gafodd Ben ddiffoddwr tân o'r lle mwyaf annisgwyl. Un prynhawn oer o Chwefror roedd meysydd chwarae cyhoeddus y brifddinas wedi rhewi'n gorn a phob gêm wedi'i gohirio. "Be wnawn ni, te?" medde Benny. Wedes i fod gêm y Scarlets yn dal arno yn y Strade. "'Na fe te. Dyna ble'r awn ni." Druan o Dave fe gafodd ei ethol yn chauffeur wrth i bump ohonon ni stwffio i mewn i'r Mini Clubman bach oren. A bant â ni... tua'r Gorllewin. Wrth fynd heibio i Waterton Cross ym Mhen-y-bont fe welson ni fod y maes chware wedi'i osod yn barod ar gyfer gêm; baneri ar y corneli ac yn y blaen. Roedd hi'n amlwg bod yr Heddlu'n chwarae gartre. Penderfyniad sydyn gan bawb oedd bod y ffyrdd yn rhy beryglus i fentro ymhellach mewn Mini, felly wfft i'r Strade ac 'Ello! 'Ello! 'Ello' i ail dîm Heddlu De Cymru yn erbyn ail dîm Cwins Aberafan. Wrth i ni gerdded tuag at y maes ar ôl parcio'r Mini daeth rhyw fachan lan aton ni a gofyn "Quins boys, are you?" Cyn i ni gael cyfle i ateb aeth yn ei flaen, "There's grub and beer in there for you, lads!" Mewn â ni i glwb South Wales Police RFC a helpu'n hunain i wledd o frechdanau a chwrw – am ddim. Druan o Dave, er mae'n eitha hoff o'i fwyd!

Gêm ddi-fflach oedd hi. Sa i'n cofio'r sgôr ond dwi'n cofio i ni ga'l gwahoddiad pellach i'r clwb am Ffagots a Sglods a rhagor o gwrw. Yn syth ar ôl y bwyd dyma Benny'n gofyn i Dave ddod â'r Mini rownd i ochr y clwb, gan ei bod hi'n amser ei throi hi am Gaerdydd cyn iddi rewi rhagor. Roedd hyn yn gwneud synnwyr i bawb. Pawb yn gwisgo'u cotiau ar wahân i Benny. Roedd Benny yn cario'i got wedi'i rholio dan ei gesail a doedd neb yn meddwl dim am y peth tan i ni fynd i'w westy ychydig wythnose'n ddiweddarach i wylio un o gêmau Cymru bant o adre, a sylwi ger y drws, ddiffoddwr tân newydd gyda'r llythrennau SWP RFC arno.

Gêm arall sy'n aros yn y cof yw gêm yn erbyn yr Old Emmanuels yn Llundain. Hon oedd y gêm pan gwmpes i mas gyda Mrs Smith wrth iddi wrthod gadael i fi fynd ar y dydd Gwener. Fe gyrhaeddes Lundain yn hwyr iawn y nos ar ôl bodio o Gaerdydd. Erbyn i fi gyrraedd roedd y rhan fwya o'r tîm yn shacls. Gweles Gary Rees yn cerdded o'r bar gyda hambwrdd yn llawn diodydd. 'Dead Ants!' gwaeddais. Aeth yr hambwrdd lan i'r awyr a Gary ar ei gefn yn chwifio'i freichiau a'i goese wrth i gynhwysion yr hambwrdd lanio ar ei ben. Oni bai bod pawb yn chwerthin nerth eu penne, wy'n credu bydde Gary wedi fy lladd i. Hen arferiad gyda'r Cantonians oedd bod rhaid dynwared morgrugyn marw pan fydde rhywun yn gweiddi 'Dead Ants!' Y gosb am beidio gwneud oedd 50c yn y 'kitty cwrw'! Rhaid bod Gary wedi gwario deg gwaith gyment â hynny wrth y bar wrth ail lenwi'r gwydre.

Y diwrnod canlynol fe chwaraeon ni yn erbyn yr Old Emmanuels. Roedd ein gwrthwynebwyr yn gwisgo cryse glân gloyw a phob crys wedi'i rifo'n daclus. Rwy'n siŵr fod tri rhif 13 gyda ni. Cymysgedd o hen setiau o gryse streips glas a melyn oedd 'da ni, rhai streipie llydan a rhai tenau. Hotshpotsh o olwg a dweud y gwir. Roedd y dyfarnwr yn gwisgo crys rygbi'r R.A.F. a chanddo fwstash 'handlebar'. Allech chi ddim ysgrifennu'r peth yn well. Ar hanner amser roedd yr Emmanuels yn ennill o tua 35 pwynt i ddim. Roedden nhw'n chwarae rygbi pert iawn, yn ailgylchu'n gyflym a lledu'r bêl i'r asgellwyr. Rown i'n marcio crwtyn o dras Tseinïaidd. Y peth mwya tebyg i arian byw weles i erioed ar gae rygbi. Roedd e wedi cael *hat-trick* o geisiade mewn deg munud.

"You're f***ing useless JH! You should have stayed in Wales!" Geirie diflewyn ar dafod Ben Edwards. "Right, second half, I'm going in to play hooker. Valleys rugby from now on." Yn wir yn sgrym cyntaf yr ail hanner fe gododd ei bachwr nhw o'r sgrym yn dal ei drwyn gwaedlyd. Fe chwaraeodd ein pac fel pac Pontypŵl yn ei anterth. Base Ray Prosser wedi bod wrth ei fodd. Welodd eu pac nhw mo'r bêl am weddill y gêm ac yn bwysicach byth, welodd eu cefnwyr nhw mo'r bêl chwaith. Er i'r Reff pwr dab geisio rheoli pethe, rwy'n siŵr nad oedd wedi gweld y fath chwarae mochedd yn ei fyw ond dim ond naw pwynt sgoriodd yr Emmanuels yn yr ail hanner. Digon yw dweud na chawson ni groeso arbennig yn y clwb ar ôl y gêm, er fe brynodd yr asgellwr chwimwth beint i fi. Rhwbio'r halen yn y briw? Ysbryd rygbi? Rwy'n lico meddwl taw'r ail sy'n wir.

Yn ystod fy nghyfnod gyda'r Old Cantonians, rown i'n byw yn y fflat yn Stacey Road. Twll o le! Grêt yn yr Haf ond mwy o damprwydd na'r hen Empire Pool yn y gaea. Roedd llu o bobol yn mynd a dod ar ddyddie Sadwrn a Sul. Criw yn dod i wrando ar sylwebaeth David Parry Jones ar *Rugby Special Wales* bob dydd Sul ar y teledu bach du a gwyn Philips oedd gen i yn fy stafell.

Fy stafell i oedd yr ystafell fyw a'r gegin. Roedd y tamprwydd yn yr ystafell wely wedi 'ngorfodi i symud fy ngwely i'r stafell fyw a bydde'r gwely yn dyblu fel soffa. Flynyddoedd lawer ar ôl gadael y fflat ces wybod gan Ann, gwraig Dave Wall, fod ei brawd a oedd yn heddwas yng Nghaerdydd wedi dweud wrthi fod 57 Stacey Road *under surveillance* cyson am gyfnod gan fod gymaint o bobol yn mynd a dod o'r lle. Beth oedden nhw'n feddwl oedd yno? Rhyw fath o ffatri gyffurie? Wel, fel mae'n digwydd, ar y pryd roedd fy nghyd- drigolion yn y fflat, Dai Evans a Nev Poole, yn tyfu planhigion mariwana yn y wardrob yn yr ystafell wely wag. Fi'n symud i'r stafell fyw a'r triffids yn symud i mewn i'r stafell wely, heb i fi wbod dim am y peth.

Un dydd Sul roedd Jon Luke wedi galw a thra oedd yn gwylio *Rugby Special* fe wnaeth rhyw ddihiryn ddwyn ei fwrdd syrffio oddi ar dop y car. Ffoniodd Jon yr heddlu ac fe ddaeth dau heddwas i gymryd datganiad a chasglu ffeithie. Fe wnaeth y blismones eistedd ar y soffa gyda'i phartner a Nev. Roedd Dai a Jon yn eistedd ar y gwely gyda fi. Wrth i'r sgwrs fynd rhagddi, sylweddoles fod Nev a Dai'n edrych dipyn bach yn nerfus. Pan adawodd yr heddlu roedd y rhyddhad ar eu hwynebe mor amlwg bod yn rhaid gofyn iddyn nhw esbonio beth oedd yn bod. Dyna pryd des i wbod am y triffids yn yr ystafell wely a hefyd bod Richie Randall, aelod arall o glwb y Cantonians, wedi gadael resin canabis mewn ffoil ar y silff lyfre uwchben y gwely. Tra oedd y blismones yn holi Jon roedd y pecyn bach i'w weld yn amlwg uwch fy mhen. Pethe peryglus yw ymwelwyr annisgwyl. Pe bai'r heddlu wedi sylwi bydde fy ngyrfa dysgu wedi diflannu yn y fan a'r lle.

Wrth edrych yn ôl ar y cyfnod hwnnw fe ddaeth Nev a finne ac aelode Clwb y Cantonians i wbod am y ffaith bod yr heddlu yn cadw llygad ar y fflat. Ar y pryd doedden ni ddim wedi meddwl am y grŵp o Hell's Angels ar draws y ffordd oedd yn tynnu beics modur yn ddarne ac yna yn eu hailadeiladu. Diolch i frawd yng nghyfraith Dave y daethon ni i sylweddoli beth a phwy oedden nhw mewn gwirionedd.

Un diwrnod yn ystod hanner tymor yr ysgol, fe alwodd
Mam a Dad yn y fflat yn annisgwyl. Ar y llawr yn yr ystafell
fyw roedd pentwr o gryse a sane rygbi a stêm yn codi oddi
arnyn nhw, gan mai fy nhro i oedd eu golchi. Yn y sinc roedd
gweddillion wythnos o bryde bwyd – tro Chris Morgan i'w
golchi. Roedd Chris wedi bod yn sgwatio, gyda Dai, Nev a
finne am sbel fach. "You don't want to see me on the streets,
do you, boys?" Ta waeth, pan gerddodd Mam i'r stafell fyw
roedd yr olwg ar ei hwyneb yn dangos y sioc a gawsai. Roedd
Mam wastad yn cadw'n cartre yng Nghaerfyrddin fel pin
mewn papur. Y gwirionedd yw y bydde'r fflat wedi codi arswyd
arni hyd yn oed pe bai Chris a finne wedi cwblhau'n tasgau.
Fel wedes i, twll o le oedd 57 Stacey Road. Pan oedden nhw
yno te ofynnodd Dad a allai ddefnyddio'r tŷ bach. Daeth yn
ôl gan wenu ei wên ddireidus a thaflu winc ata i a dweud ei
fod wedi hongian tywel ar gefen y drws rhag ofn bydde Mam
wedi bod angen mynd i'r tŷ bach. Wrth gwrs, rhoddodd y tywel
yno i guddio poster o Samantha Fox ar gefen y drws. Dydy
ymweliade annisgwyl rhieni ddim yn gwneud daioni i iechyd
dyn. Ond roedd Nhad wedi gweld yr hiwmor yn y sefyllfa.
Doedd Mam ddim yn gweld y peth mor ddoniol. Ces lythyr
ganddi'n fuan wedyn a rota glanhau arno ar gyfer trigolion
Stacey Road.

Roedd symud o 57 Stacey Road i 117 Rhymney Street yn
ddechre ar gyfnod newydd yn fy mywyd. Marwolaeth Nhad,
salwch Mam a fy ngyrfa rygbi fer yn dod i ben. Ond does
dim dadl i'r cyfnod dreulies i gyda'r Old Cantonians adael
marc enfawr ar fy mywyd a'i fod wedi dylanwadu ar y ffordd
dwi'n edrych ar fywyd hefyd. Braf dweud 'mod i'n dal mewn
cysylltiad â nifer o'r bois o'r cyfnod hwnnw.

Ffalabalam-ba-lwm-ba-lam-ba-lei

CYDREDODD FY NECHREUAD ym myd y cyfryngau gyda chyfnod o salwch parhaol Mam. Oherwydd fy mod bellach yn cyflwyno rhaglen i blant bach roedd y risg o ga'l anaf wedi rhoi stop ar fy ngyrfa rygbi gyda'r Old Cantonians. Fe gytunes gyda Rob y dylwn ddod nôl o Gaerdydd bob yn ail benwythnos i'w gartre ym Mhwll Trap i gadw llygad ar Mam ac i roi egwyl iddo fe a'i deulu.

Roedd Mam, fel dywedes i, yn rhy dost i fynd i angladd fy nhad, a gwaethygu wnaeth ei chyflwr dros y misoedd wedyn a'r flwyddyn ganlynol. Yn wir buodd hi yn Ysbyty Glangwili, Ysbyty'r Brifysgol yng Nghaerdydd ac Ysbyty St Bartholomew yn Llundain. Cafodd sawl prawf meddygol yn ystod y cyfnod hwnnw i geisio dod o hyd i'r rheswm am ei blinder llethol a'r chwyddiant annisgwyl yn ei stumog. Chwyddai ei stumog o ganlyniad i ddŵr yn crynhoi ynddo, sy'n symptom o nam ar y galon. Yn y diwedd fe gafwyd y diagnosis bod un o falfiau calon Mam wedi dirywio fel nad oedd bellach yn effeithiol a bod angen trwsio'r llall. Gan nad oedd gan Ysbyty Glangwili nac Ysbyty'r Brifysgol yng Nghaerdydd yr arbenigedd i'w thrin, anfonwyd hi i Ysbyty St Bartholomew yn Llundain fel y câi lawdriniaeth ar y galon. Yn ystod y llawdriniaeth fe ddaeth y llawfeddyg, Cymro o'r enw Gareth Rees, o hyd i dwll yn y

galon nad oedd neb wedi'i ddarganfod a gwnaeth hynny, wrth
gwrs, gymhlethu'r driniaeth.

Rwy'n cofio teithio i Lundain i weld Mam ar ôl iddi ga'l
y driniaeth. Cerddes i mewn i'w stafell yn ITCU a chael
tipyn o fraw. Gorweddai Mam yn y gwely a pheipie a gwifre
ymhobman o'i hamgylch, a gan fod un biben yn ei gwddwg
alle hi ddim siarad. Yr unig ffordd y gallwn wybod ei bod yn fy
nabod oedd y pefriad yn ei llygaid. Gwnaeth Mam ystumie ar
y nyrs oedd yn ei thendio yn gofyn am bapur a beiro. Anghofia
i byth beth ysgrifennodd ar y papur. "Mae'n hen bryd i ti dorri
dy wallt." Wir! Wrth ddarllen hwnnw, rown i'n gwybod y bydde
Mam yn gwella ac yn ca'l dod gatre i Gymru cyn bo hir. Roedd
yn rhaid i fi gyfieithu'r hyn ysgrifennodd Mam i'r nyrs, wrth
gwrs, ac rwy'n siŵr ei bod wedi trosglwyddo'r newyddion i'r
llawfeddygon bod Ray Jones 'on the mend!'

Roedd symud i bentre *Ffalabalam* yn gam mawr iawn yn
fy mywyd gan ei fod yn golygu gweithio i ffwrdd o gatre a
chysgu mewn gwelye dieithr. Bydden ni'n cymdeithasu gyda'r
nos rhwng y diwrnode yn y stiwdio ac yn sgil hynny roedd yn
rhaid dysgu tipyn o hunanddisgyblaeth. Yn stiwdio HTV yn
Theatr Clwyd, Yr Wyddgrug roedd fy wythnos gynta o 'fyw'
yn *Ffalabalam*. Rown wedi derbyn y sgriptie rhyw bythefnos
cyn mynd i'r Wyddgrug, y deg ohonyn nhw. Roedd yn rhaid
eu dysgu'n ofalus gan ganolbwyntio ychydig yn fwy ar y tair
oedd yn debyg o ga'l eu recordio gynta. Byddwn yn teithio i'r
gogledd ar y prynhawn Sul, recordio tair rhaglen ar y Llun,
tair dydd Mawrth, tair dydd Mercher ac un ar y bore Iau cyn
cychwyn yn ôl i Gaerdydd. Mair Rowlands ac Elfed Dafis oedd
fy nghyd-drigolion yn y pentre.

Er i fi fwynhau fy nghyfnod yn *Ffalabalam*, rhaid dweud
'mod i'n nerfus ofnadwy ar adege ac mae yna dystiolaeth o
hynny'n bodoli yn archifau S4C hyd heddiw. Mae'n amlwg
mewn sawl clip 'mod i fel cwningen fach wedi'i dal ym mhrif
oleuade'r car. Mae fy llygaid yn crwydro i bobman yn chwilio

am y camera cywir ac mae'r panig i'w weld yn glir ynddyn nhw. Rhaid dweud man hyn taw nage bai Iwan Môn y rheolwr llawr oedd hyn. Arna i'n unig roedd y bai. Rwy'n siŵr bod y cynhyrchwyr yn HTV wedi difaru cynnig y job i fi. Doedd hyn ddim yn wir am bob rhaglen ond ddaeth neb ata i gynnig help chwaith. Rwy'n credu taw agwedd *sink or swim* oedd hi.

Does dim amheuaeth 'da fi wrth edrych yn ôl taw fi oedd y *weak link* yn *Ffalabalam*. Ar ôl wyth mis, Nest Evans gafodd y fraint o drosglwyddo'r neges i fi nad o'n i'n debygol o ga'l cynnig rhagor o waith ar *Ffalabalam* gan fod HTV yn teimlo nad o'n i'n gweddu i raglenni plant bach. Rhyfedd iawn felly i fi ga'l cynnig cyd-gyflwyno cyfres o raglenni gydag Elin Rhys o'r enw *Stori Sbri*. Ie, rhaglen i blant bach. Eurof Williams oedd y cynhyrchydd ac mae'n debyg fy mod wedi ca'l gwell hwyl ar y prosiect yma nag ar *Ffalabalam*.

Drwy weithio ar raglenni plant y des i sylw Dewi Bebb a oedd yn cynhyrchu a chyfarwyddo rhaglenni ysgolion HTV ac fe ges gynnig cyd-gyflwyno cyfres o raglenni gwyddoniaeth i blant iau o'r enw *Beth, Sut, Pam, Pryd a Ble?* Fy nghyd gyflwynydd oedd Wil Morus Jones. Roedd yna un gnec wrth gwrs. Roedd yn rhaid i fi wisgo fel Smotyn, ffrind arallfydol Siwpyr Ted. Chwarae teg i'r adran wisgoedd ym Mhontcanna, gwnaethon nhw wyrthie ynghyd â'r adran goluro, a bues i'n Smotyn am gyfnod o dair wythnos. Roedd hwn yn brosiect hapus iawn ag fe ges fodd i fyw yng nghwmni Wil a Dewi.

Ces gyfle felly i gyfarfod ag arwr fy mhlentyndod ac adrodd stori wrtho oedd wedi ticlo Nhad a Rob fel dilynwyr brwd rygbi, Llanelli a Chymru. Bob blwyddyn yng Nghaerfyrddin ar ddydd gŵyl Dewi bydde baner y ddraig goch yn ca'l ci chodi ar dŵr yr Orsaf Dân. Rown i'n gallu gweld y tŵr o'm stafell wely. Mae'n debyg 'mod i wedi dweud wrth Dad wrth edrych ar y faner rhyw flwyddyn, "Edrych, mae'n Ddydd Gŵyl Dewi Bebb heddi!" Gwerthfawrogai Dewi'r stori yn fawr iawn. Rhaid dweud bod nifer o blant bach yn ca'l cyfle i gwrdd ag arwyr eu plentyndod ac yn ca'l eu siomi. Nid fi. Gŵr hynaws a bonheddig oedd Dewi Bebb a diolch iddo am yr atgofion hynny pan o'n i'n blentyn. Buodd yn fraint ac yn anrhydedd gweithio gydag ef. Roedd y gyfres hon yn bwysig iawn i fi'n ariannol hefyd. Cafodd ei hail ddangos tua phedair neu bump o weithie ar adege pan o'n i'n ddi-waith ac fe fuodd yn help mawr i fy nghadw i a Liz ar dir y byw.

Yn ystod y cyfnod yma hefyd y dechreuodd y gyfres *Torri Gwynt* gyda Dewi Pws. Ces fy ngwahodd gan Ronw Prothero i gyfarfod yn swyddfa HTV i drafod syniade am sgetsys a chynnwys pellach y rhaglen, rhyw fersiwn Gymraeg o raglenni Kenny Everett yn Saesneg. Ac yn wir, doedd neb yn well i'r pwrpas na Dewi Pws. Mae'n siŵr gen i fod pawb sydd wedi ca'l y fraint o gyfarfod Dewi yn gwbod ei fod yn gymeriad anarchaidd ond hynod o hoffus. Peth da yw ca'l cyfadde 'mod i wedi bod yn gocyn hitio i hiwmor unigryw Pws ar sawl achlysur. Anodd digio ato am ei fod yn berson mor annwyl. Sori, Pws, ond rwyt ti.

Ces y fraint o gyfrannu sgetsys a gwneud sawl ymddangosiad ar y sgrin yn y gyfres gynta o *Torri Gwynt*. Ie, rown i'n un o'r actorion rhad eraill. Roedd pob rhaglen yn sbort a sbri i fi a'r actorion o'r dechre i'r diwedd – a ches fy nhalu am wneud. Un stori sy'n aros yn y cof yw'r diwrnod y buon ni'n ffilmio eiteme 'Islwyn a'r Fferets' i'r gyfres gynta. Roedd pawb wedi gwisgo fel band pync. Gwallt Mohican, dillad carpiog wedi'u clymu gan gadwyne a 'safety-pins' trowsus tartan gyda sips yn y coese ac yn y blaen. Rown i'n ffilmio yn stiwdio HTV yn Theatr Clwyd ac wedi torri am ginio. Yn anffodus, y diwrnod hwnnw, roedd y cantîn yn Theatr Clwyd ar gau, streic cogyddion dwi'n meddwl. Bu'n rhaid i ni i gyd fynd i dafarn yn y dref. Er mwyn arbed amser yn y stiwdio yn y prynhawn fe ofynnwyd i ni'r cast a fydde ots gyda ni aros yn ein colur a'n gwisgoedd dros ginio. Dim o gwbwl. Felly aeth 'Islwyn a'r Fferets' i mewn i dafarn ac i fyny at y bar. "I'm sorry," medde'r barman, "I can't serve you!" Yn ei lais pync gore a chan dwistio'i wyneb yn ffyrnig, "Why?" medde Pws. "Because you're dressed inappropriately!" oedd yr ateb. Cyn iddi droi'n ddadl daeth Ronw i fyny at y bar ac esbonio taw actorion oedden ni ac mai gwisgoedd ar gyfer y rhaglen oedd y rheswm am y fath olwg! "Oh, that's OK then. Take a seat and I'll bring you some menus!" Dwi'n dal yn meddwl am hyn hyd heddiw. Os taw'r dillad oedd y broblem, dylsen ni fod wedi ca'l ein taflu mas. Esiampl berffaith o ragfarn.

Buodd sawl cyfres o *Torri Gwynt*. Rocdd sawl sgets am Ei Bach yn yr ysgol yn hala'i athrawes yn benwan. Dyma 'nghyfle i osod mewn print y ffaith bod Liz wedi ysgrifennu sgets i *Torri Gwynt* a gafodd ei derbyn a'i recordio. Roedd hiwmor Liz yn un rhyfedd hefyd. "Pwy all enwi paffiwr enwog?" gofynnodd yr athrawes. "Cassius, miss!" atebodd Ei Bach. "Cassius pwy?" gofynnodd yr athrawes. "Cassius... Glei!" Da iawn, Liz. X

Yn Awst 1983, roedd yr Eisteddfod Genedlaethol yn Llangefni. Rwy'n cofio Liz yn mynd â fi draw i Radyr ble roedd Ronw yn aros i fynd â ni lan i Sir Fôn yn ei MG Roadster du. Cysges i ar lawr un o vision-mixers HTV mewn gwesty ym Mae Trearddur a chael lifft bob bore i'r maes gan Ronw. Rown i'n chware môr leidr ym Mhantomeim *Ffalabalam* yn un o bebyll y maes a hefyd yn ffilmio cwpwl o sgetsys Candid Camera i *Torri Gwynt* yr un pryd. Un noson fe gysges yn y maes carafanau, wel, ceisio cysgu. Roedd fy ngwely y tu fas i garafán Euros a Linda. Roedd hi'n oer ofnadwy am fis Awst ac fe ges fenthyg siwmper wlân goch gan Linda i 'nghadw i'n gynnes. Yn anffodus mae gen i alergedd croen i wlân o unrhyw fath ac fe ychwanegodd hwnnw at noson ddi-gwsg. Talu'r pwyth yn ôl roedd Linda mac'n siŵr 'da fi oherwydd y noson honno fe es i gydag Euros i weld Linda'n perfformio gyda'i grŵp Plethyn. Roedd yn bleser mawr bob amser gwrando arnyn nhw ac fe ddes i'n hoff iawn o Roy, brawd Linda a Jac. Cawson ni gyfle i rannu peint sawl tro yn ystod y cyfnod hwnnw. Ta waeth, roedd Euros a minne wedi mwynhau peint neu ddau cyn mynd i'r gyngerdd ac am ryw reswm fe sylwes fod 'Mil harddach wyt na'r rhosyn gwyn' yn gallu ca'l ei newid i 'tosyn gwyn' sef *whitehead*. Plentynnaidd tu hwnt mae'n wir ond unwaith i ni ddechre chwerthin roedd hi'n amhosib stopio. Hwyrach nad oedd Linda'n rhy hapus.

Roedd hyn yn rhywbeth a ddigwyddai yn amal pan fyddai Euros a finne yng nghwmni'n gilydd. Mae'n dal i wneud a dweud y gwir. Sonies yn fy nheyrnged i Liz yn ei hangladd bod ganddi hi ac Euros hiwmor tebyg i'w gilydd. Efallai fod y ffaith yma'n allweddol gan fy mod i'n chwerthin yn amal yng nghwmni Euros. Mae'n gallu dweud y pethe mwya rhyfedd ac mae ganddo'r ddawn, yn fwy na neb wy'n nabod, i ofyn y cwestiyne mwya twp yn hanes dynoliaeth. Rown i'n drist iawn pan wahanodd Euros a Linda. Wedi'r cyfan fi oedd eu gwas priodas. Roedd cyfnode pan own i yng nghwmni Euros ar ôl iddyn nhw wahanu pan fydde Euros yn torri ei galon, yn ddigon naturiol. Sychwyd nifer o ddagre yn y cyfnod hwnnw, ond chwerthin yn iach fyddwn ni fel arfer yng nghwmni'n gilydd. Mae Euros wedi bod yn ffrind da ar adege anodd yn fy mywyd ac mae'n dal i fod.

PENNOD 11

Mistar Lap

ROEDD 1984 YN flwyddyn gyffrous iawn. Yn un peth fe lwyddes i basio fy mhrawf gyrru ar y trydydd cynnig, ar ddydd Gwener 13 Ebrill. Doedd y dyddiad ddim yn anlwcus i fi o leia. Roedd y ffaith 'mod i'n galler gyrru yn help mawr i fi pan dderbynies waith fel ecstra ar gyfres ddrama HTV, *Coleg*. Yn y Barri y bydde hi'n ca'l ei recordio yn yr hen goleg addysg a manteisies ar y cyfle i astudio sut y câi cyfres deledu ei recordio, sut roedd y gwahanol bobl yn cydweithio a beth oedd eu swyddogaeth. Bydde rhai actorion mawreddog yn edrych lawr eu trwynau ar yr ecstras ac fe dynges lw na fyddwn i'n gwneud y fath beth petawn yn ddigon lwcus i ennill prif ran rywdro. Pan lwyddes i fod yn un o gymeriade *Pobol y Cwm*, jôc rhyngdda i a'r ecstras oedd eu cyfarch bob bore gyda'r geirie, "Morning, Wasters!" Rwy'n cyfrif pob un ohonyn nhw'n ffrindie oes hyd heddiw. Mal, Gwynfor, Bet fach, Llinos Haf, Linda Jenks, Janice, Maldwyn, a llu eraill. Dyma 'nghyfle i ddiolch i chi'r 'wasters' am yr hwyl geson ni yng nghwmni'n gilydd.

Roedd Mam wedi gwerthu car Dad ar ôl iddo farw ac wedi gosod yr arian mewn cyfri er mwyn i fi ga'l car ar ôl pasio'r prawf gyrru. Chwarae teg iddi fe ddywedodd wrth fy mrawd am brynu car i fi ac fe ychwanegodd hi ychydig yn fwy o arian er mwyn ca'l car teidi. Down i ddim wedi gweld Rob yn debyg i Dad mewn unrhyw ffordd erioed, ond pan es i lawr i San Clêr i gasglu'r car, roedd fel petai wedi troi i fod yn Dad. "Twenti-eit thowsand ar y cloc, a gwraig perchennog y garej oedd bia fe,

so ma' nhw wedi edrych ar ei ôl e. 1.3 enjin, fel o't ti'n moyn..."
Rob yn agor y bonet wedyn... "A shgwl ar yr enjin 'na. Fel
newydd 'chan. Ei di ddim yn rong 'da hwn." Yr unig beth
ar goll oedd y bibell baco. Pe bai Rob yn dal un yn ei law y
diwrnod hwnnw, bydden i'n wirioneddol wedi credu bod Dad
wedi dod nôl aton ni.

Hoffwn nodi fan hyn taw Ford Escort byddwn i wedi'i
ddewis, ond rhaid pwysleisio fy niolch i Mam a Rob am
eu caredigrwydd. Rwy wirioneddol yn ddiolchgar ac yn
sylweddoli wrth edrych nôl pa mor lwcus own i ga'l car o
gwbwl, yn enwedig nawr bod fy mhlant inne'n ddigon hen i
fynnu cerbyde eu hunain. Ond a bod yn gignoeth onest, ar
y pryd, siom ges i 'da dewis Rob; Morris Ital metallic bronze
gyda tho plastic vinyl brown a seti velour orenj. Ych-a-fi. Mae'r
car wedi bod yn destun sawl jôc ac achos sawl rownd o dynnu
coes ar hyd y blynyddoedd, yn benna gan Gwyn Elfyn. Mae
pawb sy'n f'adnabod i'n dda yn gwybod am hanes y Triumph
Spitfire a'r MG BGT brynes i flynyddoedd yn ddiweddarach.
Dwi'n credu bod gwraidd 'yn hanes i gyda ceir doji yn deillio
nôl i gyfnod yr Ital. Rhaid dweud ei fod yn gar mecanyddol
solet ond sticiodd y ffenestr ar ôl mis neu ddau, hunllef yn yr
haf mewn car heb air-con. Ychydig fisoedd yn ddiweddarach
fe dorrodd cebl y speedometer ac er sawl cynnig gan y garej i'w
drwsio, methiant fu. Dwi'n credu pan werthes yr Ital, mai dim
ond rhyw 'twenty-eit thowsand' oedd yn dal ar y cloc. Hefyd
wrth yrru nôl i Gaerdydd gyda Liz fe syrthiodd darnau o hen
windscreen ar ein traed o'r tu ôl i'r console. Doedd gwraig
perchennog y garej ddim mor ofalus â hynny mae'n amlwg.
Wedi dweud hyn i gyd, diolch i'r hen Ital am fy nghludo o
amgylch y wlad ac am ga'l cipolwg arall ar Nhad yng nghroen
fy mrawd ac am yr orie o atgofion a chwerthin yng nghwmni'r
bois.

Yn 1984, ces wahoddiad i fynd i swyddfa'r BBC yn Gabalfa
i gyfarfod â Hugh Thomas a Peter Edwards. Roedd y BBC yn

paratoi cynhyrchiad newydd; cyfres dditectif wedi'i lleoli yng Nghaerdydd o'r enw *Bowen a'i Bartner* wedi'i hysgrifennu gan Siôn Eirian. Y bwriad oedd llenwi'r cast â wynebe newydd, anghyfarwydd i'r gwylwyr. Yn y cyfarfod gofynnodd Hugh i fi sut byddwn i'n tcimlo am gael gweithio fel actor mewn drama deledu. Atebes fy mod wedi actio ar *Torri Gwynt* gyda Dewi Pws. "Actio go iawn, fi'n meddwl," medde Hugh. Dywedes wrtho y gallen i ddysgu'r llinellau a taw ei job e a Peter fydde dweud wrtha i sut i'w dweud a pha symudiade roedd eu hangen. Ychwaneges y bydde'n grêt ca'l siawns i wneud tamed bach o 'actio' difrifol. Fe es gatre yn diawlo fy hunan, yn sicr 'mod i wedi bod yn rhy ewn gyda f'atebion ac yn paratoi am y siom o golli cyfle euraidd. Tua hanner awr ar ôl cyrraedd gatre yn Rhymney Street, ces alwad gan Hugh yn cynnig rhan Nick i fi yn un o'r penode. Ffawd, rwy'n siŵr, gan taw Nick yw enw un o frodyr Liz. Roedd Liz wedi cyffroi yn fwy na finne wrth i fi ddweud wrthi am y prosiect newydd.

Roedd actio yn *Bowen a'i Bartner* yn gyfnod hapus iawn. Fe ges gyfle i gyfarfod â Ieuan Rhys a Gillian Elisa am y tro cynta, er bod Ieu a Gill mewn penode gwahanol i finne. Ces gyfle i wcithio gyda Bob Blythe, Roger Nott, Alun Lewis (brawd Hywel Bennett), Carys Llywelyn, Erica Eirian (gwraig Siôn), Dorian Thomas a Jeff Thomas. Brodor o Lanelli yw Jeff sy bellach yn byw yn Seland Newydd. Actor ac awdur profiadol ond yn wyneb newydd i deledu Cymraeg. Fe ddes i a Jeff yn dipyn o ffrindie a buon ni'n ysgrifennu at ein gilydd am flynyddoedd ar ôl y gyfres Bowen. Ond wedyn, colli cysylltiad yn raddol a siom i fi ocdd gwcld ei fod ynte wcdi ymddangos yn *Pobol y Cwm* flynyddoedd ar ôl i 'nghymeriad inne adael.

Roedd Owen Teale yn chwarae rhan fach yn fy mhennod i hefyd. Go brin y bydde fe'n cofio hynny nawr gan ei fod wedi symud ymlaen at raglenni fel *Stella* a'r byd-enwog *Game Of Thrones*. Ar ddiwedd recordio'r gyfres roedd parti yng nghartref Siôn ac Erica ac mae 'da fi gof arbennig o Liz yn rhoi Alun

Lewis yn ei le gan synnu pawb. Un dawel oedd Liz ond roedd ganddi egwyddorion cryf. Roedd Alun yn dadlau gyda Gill ac yn dangos agwedd secsist iawn. Fe gododd Liz a'i roi yn ei le wrth amddiffyn Gill. Da iawn ti, Liz fach.

Cyfnod hapus iawn oedd cyfnod ffilmio gyda Hugh a Peter. Bob tro rwy'n gweld Erica Eirian hyd heddiw, rwy'n ei chyfarch gyda'r geiriau 'Wyth neu Naw', un o'n llinellau i yn ein pennod ni o Bowen. Roedd y gŵr camera, John Cavaciutti, yn perthyn i athrawes y bues i'n gweithio gyda hi yn Ystrad Mynach ac fe gawson ni hwyl yn trafod hynny gyda'n gilydd. Roedd gan bawb lysenwe hefyd. Wrth reswm, fel y cynhyrchydd, Mistar Duw oedd Peter, a Mistar Mawr oedd Ieu. Mistar Cyfrwys oedd Jeff gan ei fod yn diflannu'n amal heb ddweud wrth neb i ble bydde fe'n mynd. Roedd Hugh a'i ben moel ar y pryd wedi colli brwydr yn erbyn sosban chips ac felly Mistar Pothell oedd e. Am ryw reswm, Mistar Lap own i. Mae'n debyg taw un bach siaradus ydw i!

Yn un o'm golygfeydd yn *Bowen*, roedd Peter yn anhapus gyda'r ffordd rown i'n dweud un frawddeg. Roedd e'n teimlo y bydde nghymeriad i'n ymateb yn fwy ffyrnig wrth ddarganfod bod Bowen yn gyn-blismon. "Dwed y frawddeg 'to a dwed y gair 'bastard' ar ei diwedd. Dorrwn ni hwnna mas yn yr edit." Dyna wnes i. Cafodd Peter yr ymateb roedd e'n ei ddymuno gan fy nghymeriad. Fe gadwon nhw'r gair 'bastard' yn yr edit hefyd. Gan i fi ddweud y geirie dan fy anadl roedd e wedi cryfhau'r ymateb. Masterstroke gan Peter.

Roedd gan Peter y ddawn o gael y perfformiade gore posibl gan actorion a cholled enfawr i Gymru oedd iddo'n gadael ni yn y misoedd diwethaf. Gŵr hynaws a thalentog tu hwnt oedd Peter. Roedd wedi gweithio ar nifer o raglenni poblogaidd yn Lloegr hefyd a dim ond pethau da rwy wedi'u clywed amdano. Rown i'n lwcus felly cael gweithio gydag e a mawr yw fy nyled iddo, gan mai fe agorodd y drws i fi ym myd drama teledu Cymraeg.

Er i Hugh a Peter ddymuno ca'l wynebau newydd yn y gyfres, fe chwaraeodd ffawd ei rhan eto. Erbyn i Bowen ga'l ei ddarlledu, rown i wedi ymddangos mewn dwy bennod o *Pobol y Cwm*. Gwaith gafodd ei recordio ar ôl Bowen ond a gafodd ei ddarlledu cyn i *Bowen a'i Bartner* ymddangos. Dyna yw byd teledu o bryd i'w gilydd.

Ces i ran fel lleidr defaid yn *Pobol y Cwm*; enw'r cymeriad oedd John a'm cyd-leidr oedd Ken, sef Alun ap Brinley. Roedd tad Alun, yr actor Brinley Jenkins, yn ffrindie agos i un o flaenoriaid fy nhad yn Heol Awst, Russel Jones. Ces y fraint o weithio gyda Brinley hefyd ar strydoedd Cwmderi a sylweddoli mor fach ydyw Cymru, yn enwedig ymysg y Cymry Cymraeg. Yn ystod y cyfnod cynnar yma yng Nghwmderi fe ddes i adnabod Ieuan Rhys yn dda. Ni wedi parhau'n ffrindie ar hyd y blynyddoedd ac fe ges y fraint a'r anrhydedd o fod yn was priodas iddo yn 1986.

Ta waeth, am resyme gwahanol rwy'n cofio Ieu yn y cyfnod yma. Roedd John a Ken yn cadw llygaid ar ddefaid Stan Bevan ac yn aros eu cyfle i ddwyn ambell un. Ffilmiwyd y golygfeydd ar y Wenallt yng Nghaerdydd yng nghanol yr haf. Mis Tachwedd oedd hi i fod yn y stori felly roedd Alun a finne wedi'n gwisgo mewn dillad gaeafol – cotie a siwmperi trwchus. Anghofia i fyth y chwys yn rholio lawr fy nhrwyn mewn ambell saethiad. Bu'n rhaid ail saethu un olygfa oherwydd bod y dail i'w gweld yn glir ar y coed yn y cefndir ac un arall gan i aelod o'r cyhoedd, merch ifanc mewn siorts a thop bicini, gerdded heibio yn y cefndir. Ie, busnes llawn twyll yw teledu. Pan ddarlledwyd y golygfeydd fis Tachwedd roedd y gwylwyr yn credu'n iawn taw'r gaeaf oedd hi.

Fodd bynnag, nôl at Ieu. Daeth antics John a Ken i sylw'r heddlu, Sarjant Jenkins (Ernest Evans) a'i gwnstabl PC James (Ieuan Rhys). Roedd yn rhaid i Ieuan a finne ffilmio golygfa lle roedd PC James yn rhedeg ar ôl John y Lleidr ar hyd strydoedd cefn Cwmderi. Ffilmiwyd y golygfeydd yn y nos ar strydoedd cefn Yr Eglwys Newydd yng Nghaerdydd. Roedd gofyn i Ieuan fy nhaclo a 'nhynnu i'r llawr. Saethwyd yr olygfa tua phedair gwaith ac ym mhob saethiad bydde mat mawr glas i'n harbed ni rhag gwneud unrhyw ddolur i'n gilydd, ond roedd i'w weld yn glir yn y saethiad. Gofynnwyd i fi a fydde ots 'da fi drio gwneud yr olygfa heb y mat. Yn awyddus i blesio, "Iawn," meddwn i. Nawr, doedd Ieuan ddim y person lleia yn y byd ac roedd e'n cario radio ar ei frest. Roedd y blwmin radio yna wedi cleisio fy nghefen yn barod ar ôl pedwar cynnig. Theimles i mo'r radio o gwbwl yn y saethiad nesa gan i fi sgathru 'nwylo'n rhacs ar y grafel ar lawr strydoedd cefn Yr Eglwys Newydd. Digon yw dweud taw yn y fan honno y dysges fod 'na wahaniaeth mawr rhwng ceisio plesio a chadw'n iach.

Fe wnes ychydig o waith fel ecstra ar *Coleg* wedyn ym mis Medi a mis Hydref 1984. Roedd yr arian yn help mawr wrth chwilio am fwy o waith. Doedd dim rhaid aros yn rhy hir. Ces gyfweliad gyda Wilbert Lloyd Roberts a oedd yn castio comedi sefyllfa i HTV. Comedi o Ganada oedd hi wedi ca'l ei chyfieithu i'r Gymraeg. Llwyddes i argyhoeddi Wilbert taw fi oedd ei ddewis gore ac fe ddaeth Maynard y cyfreithiwr tor-priodas i fodolaeth. Yn fras, stori am bâr priod yn mynd trwy drafferthion oedd *Does Unman yn Debyg i Gartref*. Gillian Elisa ac Ian Saynor oedd y pâr priod anffodus a'u cyfreithwyr oedd Wyn Bowen Harries a finne. Roedd gan y pâr wraig tŷ hefyd a Hanna Roberts oedd yn chwarae y cymeriad hwnnw. Bydde'r cyfreithwyr wrth eu bodde'n yfed champagne ac yn byw'n fras ar arian y ddau briod. Yn raddol, trwy gydol y gyfres, daeth y gŵr a'i wraig i sylweddoli eu bod yn caru ei gilydd mewn gwirionedd ac fe gafodd y ddau gyfreithiwr eu taflu mas o'r tŷ. Buon ni'n ymarfer am wythnos yn festri eglwys Sant German yn Splott ag yna recordio yn stiwdios HTV ym Mhontcanna. Yn ystod y cyfnod hwn roedd HTV wrthi'n adeiladu stiwdio newydd yng Nghroes Cwrlwys. Dwi'n cofio gorfod torri 'ngwallt yn fyr ar gyfer y rhan ac am unwaith, roedd Mam yn hapus gyda'r ffordd rown i'n ymddangos ar y sgrin fach – parchus ac yn gwisgo siwt a thei. Pharodd hwnna ddim yn hir iawn.

PENNOD 12

Αγαπώ ΕΛΛΆΔΑ – Rwy'n Caru Groeg a Liz wrth gwrs

NOS GALAN 1984/85 atgoffes Liz y byddwn i'n 30 yn y flwyddyn newydd a dweud wrthi os na fydden i wedi priodi erbyn fy mhen-blwydd fydden i, fwy na thebyg, yn colli'r awch i briodi. Cytunodd Liz y bydde'n syniad da i ni briodi felly aethon ni ati i drefnu priodas. Rown i wedi gofyn i Liz fy mhriodi ddwy flynedd ynghynt a cha'l yr ateb, "I'll let you know". Efallai dylsen i fod wedi bod yn fwy penderfynol bryd hynny er mwyn sicrhau ateb cadarnhaol ganddi.

Gan nad oedden ni wedi dyweddïo yn ffurfiol, credwn fy mod wedi osgoi'r artaith o ddewis modrwy. Anghywir. Roedd Liz wedi darllen fy meddwl. "Because we're not getting engaged formally, I'd like a Welsh Gold wedding ring!" Pan gafodd y plant eu geni fe gafodd Liz ddwy *eternity ring* a aeth rhywfaint o'r ffordd i wneud iawn am y ffaith na chawsai fodrwy ddyweddïo.

Priodas syml oedd dymuniad Liz a finne. Eglwyswraig oedd Liz ond doedd hi ddim yn mynychu eglwys ar y pryd. Rown i'n dal yn aelod yn Heol Awst Caerfyrddin er fy mod bellach yn byw yn y brifddinas. Rown i hefyd yn credu bydde priodi yn Heol Awst yn brofiad rhy emosiynol i Mam gan y bydden ni'n priodi o flaen cofeb fy nhad sydd ar ochr y pulpud. Rown i'n pryderu hefyd y gallasai nifer fawr o bobol ddod i'r briodas ar y diwrnod gan taw anodd fydde cadw'r peth yn gyfrinach yn nhre fy mebyd. Cyniges i Liz y gallen ni briodi yng Nghapel Soar y Mynydd yng nghanol y wlad ger Tregaron. Roedd yn lle delfrydol ac fe syrthiodd Liz mewn cariad â'r capel bach felly aethon ni ati i wneud y trefniade.

Roedd un amod, rhaid bod un ohonon ni wedi byw yn Sir Geredigion am o leia dair wythnos. Buodd Eirian a Glesni Williams, mab a merch yng nghyfraith y Parchedig Athro Cyril Williams, yn ddigon caredig i adael i fi ddefnyddio'u cyfeiriad nhw er mwyn cyflawni'r gofynion. I bob pwrpas rown i wedi byw yn Llandysul am gyfnod cyn priodi, mor belled ag roedd yr awdurdode'n deall ta beth! Gofynnes i Cyril a fydde fe'n fodlon cymryd y gwasanaeth, ac fe awgrymodd Mam y dylswn ofyn i'r Parch Huw Ethall, ffrind agos arall i Nhad, ddarllen. Gofynnes i Linda Healy, gwraig Euros ar y pryd, a fydde hi'n barod i ganu 'Tra Bo Dau' a gofyn i Euros fod yn was priodas i fi. Dewiswyd 'Calon Lân' fel yr emyn. O'm hochr i roedd Mam, fy mrawd a'i deulu'n bresennol a Siwan, wrth gwrs, oedd y forwyn flodau. Roedd Ann Lenny yn ddigon caredig i gytuno tynnu lluniau'r briodas ac roedd Alun yno gyda hi. Roedd Ieuan a Manon yno hefyd. Bydde Nhad wedi bod wrth ei fodd yn gweld bod Cyril ac Irene Williams a Huw a Hilda Ethall yn y briodas ac fe ddewisodd Huw y darlleniad perffaith ar gyfer yr achlysur sef Salm 121: 'Dyrchafaf fy llygaid i'r mynyddoedd'. Cyngor doeth Huw cyn darllen y Salm oedd dweud wrth Liz a finne am feddwl am y geirie hynny pan fydde taith bywyd yn taro ar draws ffyrdd anodd a thymhestlog. Darllenes y salm hon ar ôl gwasgaru llwch Liz yn Soar wedi imi ei cholli. Roedd yn hynod o addas mewn rhyw ffordd.

Yn naturiol, roedd Ken a Molly (mam a thad Liz) a'i brodyr John a Nick yn bresennol; brodyr Molly, Don a Jim a'u gwragedd, Sue a Rita, a brawd Ken, Bill a'i wraig Maureen. A dyna ni, priodas fach fel y dywedes. Y noson cyn y briodas fe arhosodd Liz a'i theulu yn y Talbot yn Nhregaron, lle roedden ni'n cynnal y brecwast ar ôl y gwasanaeth. Fe deithies inne o Benrhyn-coch ger Aberystwyth gydag Euros a Linda ar ôl noson fach 'dawel' yng Nghlwb Pêl-droed Penrhyn-coch gyda ffrindie'r Healys a ddaeth yn ffrindie i finne hefyd ar hyd y blynyddoedd: Tomi a Mari, Jac, Ella, Llew, Keith a Jane.

Roedd Haf 1985 yn haf gwlyb iawn. Glaw bron bob diwrnod gan gynnwys y 6ed o Fedi, ond ar y 7fed... wele gwawriodd dydd i'w gofio. Haul cynnes, cychwyn haf bach Mihangel a'r awyr yn las, las. Tywydd yn union 'run fath ag a gafwyd ar y diwrnod y gwasgaron ni lwch Liz yn Soar yn union ddeng mlynedd ar hugain wedi hynny.

Yr hyn rwy'n cofio am araith Ken, fy nhad yng nghyfraith, yn y briodas yw mor fyr oedd hi. Safodd ar ei draed, meddwl am eiliad neu ddwy, yna dywedodd, "I like Hywel. He's Welsh, has a great sense of humour and he likes rugby. That'll do for me," ac fe eisteddodd. Un fer hefyd oedd araith Euros, druan ag e, yn llawn nerfusrwydd ond doedd neb arall y gallaswn fod wedi gofyn iddo wneud y jobyn o fod yn was i fi! O leia fe wnaeth job arbennig o ddarllen y cardie! Gwnaeth fy mrawd, serch hynny, araith arbennig, a dyna'r eildro i fi weld fy nhad yng nghroen Rob. Roedd Mam yn browd iawn y diwrnod hwnnw. Rwy'n hynod o falch bod Liz wedi ca'l y cyfle i adnabod un o'm rhieni a thrwy adnabod Rob, doedd hi ddim yn rhy bell o adnabod Nhad chwaith.

Ein hanrheg priodas oddi wrth Ken a Molly oedd pythefnos o wylie'n crwydro Ynysoedd Groeg. Ychwaneges £50 at y gost er mwyn gwneud hi'n dair wythnos. Wedi'r cyfan mis mêl sydd i ddilyn priodas yn tefe, ac roedd tair wythnos yn agosach ati. Rwy'n credu taw'r mis mêl fu'n gyfrifol am y ffaith i Liz a finne syrthio mewn cariad â'r wlad honno. Er mawr syndod i'm ffrindie, ac achos llawer sesiwn o dynnu coes wedi hynny, i wlad Groeg y bydden ni'n mynd bob haf ar ein gwyliau, Ac os nad i Roeg ei hun, yna i ochr Roegaidd ynys Cyprus.

Αγαπώ την Ελλάδα

Roedd Rob, a'i fab Steff rwy'n siŵr, wedi sicrhau bod yr hen gar Ital wedi'i addurno'n addas ar gyfer ein siwrne i Heathrow. Tunie wedi'u clymu wrth gefn y car a 'Poor Slave' wedi'i ysgrifennu ar y sgrin ffrynt mewn sebon siafio. 'Just Married' ar y sgrin yn y cefen. Daeth pawb mas o'r Talbot i ffarwelio â ni. Doedd dim parti nos, brecwast priodas a dyna ni. Wedi'r cyfan roedd ein hawyren yn hedfan i Athen yn gynnar y bore canlynol. Buodd yn rhaid stopio rhyw filltir tu fas i Dregaron i sychu'r ffenestri gan fod y dŵr a'r weipyrs ond yn gwneud pethe'n waeth. Roedd edrych ar wyneb Liz drwy'r sgrin wrth iddi sychu'r sebon i ffwrdd yn fy ngwneud yn ddyn hapus dros ben. Roedd Liz yn slashen ar y gore, ond nawr ei bod yn wraig i fi rown i ar ben fy nigon. Pan gyrhaeddon ni'r gwesty yn Heathrow, roedd rhosyn coch ar y gobennydd yn yr ystafell, potelaid fach o champagne a hefyd dau wydryn ar y bwrdd ger y ffenest. Chwarae teg i'r gwesty, doedden ni ddim wedi disgwyl hynny o gwbwl. Diweddglo bach rhamantus i ddiwrnod bythgofiadwy.

Drannoeth fe hedfanon ni o Heathrow tua chwech o'r gloch y bore a chyrracdd cin gwcsty yn Piracus, ardal borthladd Athen, tua chanol y prynhawn. Wedi gorffwys am dipyn aethon ni am dro ger yr harbwr, cerdded heibio stadiwm pêl fasged Olympiakos Piraeus a tharo ar draws hen ddyn yn gwerthu cnau pistachio cynnes. Prynu cnau ac eistedd ger yr harbwr yn gwylio'r haul yn machlud wrth blanio'n trip y bore wedyn i Athen ei hun. Roedd yn rhaid ymweld â'r Acropolis gan ein bod mor agos ato. Mae'n dipyn o siwrne cerdded i ben yr Acropolis ac er mwyn dewis amser call i ddringo, aethon ni ar drên o Piraeus i ganol Athen y peth cynta yn y bore. Brecwast ysgafn, prynu potelaid o ddŵr a bant â ni. Mae'r golygfeydd o ben yr Acropolis yn ogoneddus a'r adeilade hanesyddol fel y Parthenon a Theml Nike yn anhygoel.

Wedi treulio amser yn crwydro'n hamddenol o gwmpas yr Acropolis, aethon ni i'r amgueddfa i weld y trysore yno cyn ffeindio siop fach gyfagos a pharc cysgodol i ga'l cinio. Anghofia i fyth y cinio hwnnw: bara ffres, Primula Cheese Spread gyda ham a thomatos ffres, sudd oren ffres wedyn i'w yfed a photelaid o ddŵr wrth gwrs i orffen. Yn y prynhawn darllenon ni'r llawlyfr a ddaeth gyda'n pecyn teithio *Greek Island Hopping*. Roedd ganddyn nhw system wych a'r rhester o rifau ffôn a thocynne llety ar gyfer pob ynys wedi'u cynnwys. Yn y cyfarwyddiade rhaid oedd ffonio cyn glanio ym mha ynys bynnag y bydden ni'n ei dewis gan roi rhif cod arbennig ac fe fydde llety wedi'i drefnu ar ein cyfer pan fydden ni'n camu oddi ar y fferi ar yr ynys honno. Y prynhawn hwnnw fe ffonion ni ynys Paros ar ôl penderfynu taw fan'no fydde ein cam cynta ar ein taith o amgylch ynysoedd y Cyclades. Yn ddiddorol iawn te sylwon ni yn y nodiade tod sawl cliw yn y llawlyfr i'n harwain ni at far arbennig ar un o'r ynysoedd a phe baen ni'n datrys y cliwie fe fydde diodydd am ddim yn ein disgwyl yn y bar hwnnw. Gan fod Liz yn hoff iawn o bob math o gystadlaethe, aethon ni ati i chwilio am yr atebion. Roedd yr awdur yn cyfeirio o bryd i'w gilydd at ffilmie ac actorion ac felly daethon ni i'r casgliad bod yna far ar un o'r ynysoedd ag enw yn ymwneud â'r byd ffilmie: rhywbeth fel Hollywood neu Universal neu enw actor fel Bogart's.

Drannoeth aethon ni ar fwrdd y fferi o Piraeus i Paros ac roedd y môr fel llyn Parc Y Rhath Caerdydd, yn esmwyth a llyfn. Gan ei bod hi'n daith o tua chan milltir i Paros, roedden ni'n eitha balch o ga'l awel fach ysgafn i dorri ar y gwres i'n croesawu. Fe brynon ni πορτοκαλάδα (portocolada – orangeade) un o hoff eirie Groegaidd Liz yn ogystal â Καλαμάκι (gwelltyn yfed). Dyna oedd perffeithrwydd, yn wir allai bywyd ddim bod yn well na hyn. Cyrraedd Paros, galw yn y swyddfa ger y porthladd a chael ein tywys i stafell fach foethus ychydig droedfeddi o'r traeth. Gadael ein bagiau ac i ffwrdd â ni. Crwydro tref Paros a chael moussaka a salad Groegaidd cyn ymweld â'r traeth a chael cyfle i gysgu am ychydig cyn crwydro'r dref unwaith eto gyda'r nos. Ar ein trydydd noson yn Paros, y noson olaf cyn hwylio i Naxos, fe ddaethon ni ar draws bar yn un o'r strydoedd cefen o'r enw Oscars. Edrychodd Liz a finne ar ein gilydd gan deimlo ein bod wedi taro ar draws yr ateb i'r cliwie yn y llawlyfr. Aethon ni i mewn i'r bar, wynebu'r barman a gofyn iddo ai fe oedd wedi sgrifennu'r llyfryn *Greek Island Hopping*. Yno buon ni wedyn am noson gyfan yn Oscars; y tri coctel cynta am ddim a'r gweddill am hanner pris.

Wrth y bar roedd gŵr yn eistedd, â'i wallt llwyd mewn pony tail hir lawr ei gefen. Bob oedd ei enw ac roedd wedi byw yn Paros ers tua phymtheg mlynedd, ond yn wreiddiol o Bort Talbot ac wedi byw yn Llundain ac Efrog Newydd cyn penderfynu setlo yn Paros. Dwi ddim yn cofio cyrraedd ein stafell y noson honno ond yn cofio bod Liz a finne'n teimlo'n sâl iawn am ein bod wedi yfed cymaint o gymysgedd o wahanol ddiodydd y noson cynt. Yr hyn wnaeth pethe'n waeth i ni oedd bod y gwynt wedi codi yn ystod y nos a bod trip ar y fferi i Naxos yn ein haros yn y bore. Trwy lwc a bendith dim ond mordaith o 20 milltir oedd hi ac fe gyrhaeddon ni mewn un darn. Digon yw dweud taw'r noson yn Oscars oedd y noson fwya gwyllt yn ystod ein mis mêl. Roedd caffi yn yr harbwr o'r enw Porto Naxos ac roedd y perchennog yn browd iawn o'i 'English Breakfast'. I fan honno yr aethon ni ar ôl trosglwyddo'n bagie i'n hystafell a oedd wedi'i lleoli ar lan y môr, gan feddwl y bydde'r saim yn help i setlo'r stumog. Buon ni'n gwsmeriaid da yn y Porto Naxos bob bore wedyn trwy gydol ein gwylie ar yr ynys.

Roedd Naxos yn lle hyfryd ac ar ynys fechan ger y porthladd, Palatia, roedd caffi bach yn gwerthu bwyd Groegaidd, wedi'i leoli gerllaw gweddillion teml i Apollo – ar ffurf bwa marmor uchel anhygoel erbyn hyn. Yng nghysgod y porth yma o'r chweched ganrif, buon ni'n chwarae *backgammon* a mwynhau neidio i mewn i'r môr gerllaw am bedwar diwrnod o wynfyd pur. Diolch Naxos.

91

Y cam nesa ar ein taith drwy'r Cyclades oedd Ynys Ios ond dim ond am ddau ddiwrnod yn unig y buon ni ar yr ynys honno. Roedd Ios yn enwog yn y chwedege am ddenu hipis a phobol y blode, llawer wedi dod o'r Unol Daleithau. Pobol oedden nhw wedi dianc rhag trychineb Fietnam. Yn anffodus fe'n tywyswyd ni i stafell fach dywyll ger yr harbwr yn Milopotas, lle'r oedd cyrff clêr a gwybed o bob math yn dotio'r welydd. Yr olygfa honno, yn anffodus, wnaeth liwio'n barn am Ios gyfan. Aethon ni am dro i dref Ios, tua milltir neu ddwy o Milopotas a'i gweld yn dref fach eitha diddorol. Wrth edrych yn ôl fe ddylen ni fod wedi gofyn am ga'l ein symud o fynwent y gwybed i dref Ios, ond dyna ni, roedden ni'n ifanc ac yn diodde o ddiffyg hyder efalle. Aethon ni am dro ar fws hefyd i draeth Agios Theodotis ond colli ar y cyfle i ymweld â beddrod y bardd Homer. Tipyn o drychineb i Mr a Mrs Emrys oedd Ios ar y cyfan. Y cam nesa o'r daith oedd un o'r profiade mwya anhygoel i'r ddau ohonon ni. Perl y Cyclades, sef ynys Thira.

Caiff Ynys Thira ei hadnabod hefyd fel Santorini, enw sy'n swnio'n fwy Eidalaidd na Groegaidd. Os byddwch byth yn ymweld â Santorini ewch ar long yn hytrach nag mewn awyren. Hen losg fynydd yw Santorini ac mae copa'r llosgfynydd wedi suddo yn ôl i mewn i'r môr gan greu ynys fach ddiffaith ynghanol y bae sy'n ynys unigryw iawn. Mae yna actifedd folcanig yno o hyd ac felly bydd gwynt sylffwr i'w glywed yn gryf yno hyd heddiw.

Cilgant o ynys yw hi ac ar un ochr mae clogwyni serth a'r haenau cerrig mwya gogoneddus a lliwgar. Mewn gwrthgyferbyniad mae'r ochr arall yn disgyn yn raddol i lawr i'r môr, lle mae'r tywod yn ddu a'r traethe'n serth. Bydd llonge'n hwylio i mewn i'r caldera ac mae'r olygfa'n fythgofiadwy. Ar ben y clogwyni mae eglwysi bach gwyngalchog a'u toeau glas yn disgleirio yn yr haul a'r gole hwnnw yn arddangos yr haenau cerrig yn berffaith. Ar fwrdd y fferi cyrhaeddon ni felly ac roedd yn bosib mwynhau croeso Santorini ar ei orau.

Fe'n tywyswyd i'n stafell yn Fira, prif ddinas yr ynys a chael ystafell mewn hen blasty bach i aros. Roedd gwely pedwar postyn, ffenestri anferth a drws yn arwain mas i gwrt canolog cysgodol. Roedden ni wir wedi cyrraedd ein paradwys.

Fe brynon ni gerflun yn Santorini. Cerflun sydd yn dal 'da fi heddiw, o Mephistopheles, neu'r diafol, gan fod Santorini'n ca'l ei hadnabod fel ynys y diafol, wrth gwrs. Yn y ffilm *The Exorcist*, mae yna olygfa lle mae arbenigwr sain yn chwarae recordiad o ferch yn siarad iaith anghyfarwydd ac wrth iddo weindio'r tâp yn ôl mae'n sylwi taw adrodd gweddi'r Arglwydd am yn ôl mae'r ferch. Rwy'n cofio i'r olygfa honno ga'l mwy o effaith arswydus arna i na'r olygfa pan fo pen y ferch yn troi mewn cylch perffaith. Pam sôn am hyn, nawr? Wel ar ôl prynu'r cerflun fe darodd rhywbeth fi fel bollt. Enw ein cartre yng Nghaerfyrddin oedd ESROM. Llyn yn Denmarc yw Esrom a chafodd y tŷ ei enwi gan fy hen Wncwl, Thomas Hughes-Griffiths. Enw morwynol Liz oedd MORSE. Darllenwch hwnna am yn ôl. Ie, cyd-ddigwyddiad pur mae'n siŵr gen i.

O Santorini aethon ni i'r ynys ola ar ein taith, ynys Creta, neu Crete, gan aros yn Hersonissos. Ynys y buon ni yn ôl ynddi sawl gwaith wedi i Ffion a Sam ga'l eu geni. Cawson ni stafell wely ar lawr gwaelod y gwesty ar ein noson gynta ond cawson ni cin symud i stafell fwy moethus am weddill ein cyfnod yno. Yn ystod ein harhosiad yn Creta, aethon ni i weld Knossos, prif ddinas y gwareiddiad Minoaidd. Yn ddiddorol iawn tra oedden ni yno fe gawson ni wybod taw ffrwydrad llosgfynydd Santorini a'r don tswnami a'i dilynodd oedd mwy na thebyg yn gyfrifol am ddiwedd y gwareiddiad Minoaidd.

Ar ôl pedwar diwrnod yn Creta, fe hedfanon ni'n ôl yn syth i Heathrow a chasglu'r Morris Ital o'r gwesty er mwyn teithio gatre i Gymru. Ar ôl bod yn segur am dair wythnos fe daniodd injan yr Ital bach ar y cynnig cynta. Dim cymaint â hynny o racsyn o gar wedi'r cwbwl.

PENNOD 13

We'll Gather Lilacs

ROEDD 1985 YN gofiadwy am resyme eraill heblaw am briodi wrth gwrs, yn bennaf am i fi lwyddo ca'l prif ran mewn cyfres gomedi sefyllfa gan HTV, *Fflat Huw Puw*, gyda Iestyn Jones, Gwyn Parry, Iona Banks a Marged Esli. Hefyd 1985 oedd y tro cynta i fi fynd i weld tîm rygbi Cymru yn chwarae oddi cartre, ym Murrayfield.

Dydd Gŵyl Dewi 1985; dal bws gyda gweithwyr Swyddfa'r Post, Heol Penarth Caerdydd ac ambell aelod o dîm rygbi'r Old Cantonians ac ymlwybro o Gaerdydd i Gaeredin. Roedd yn amhosib eistedd ar sedd gefen y bws na'r seddi naill ochr i'r ael o flaen y sedd gefen gan eu bod yn llawn o focsys canie a photeli cwrw, Yn wir, dyw caneuon Max Boyce ddim yn gor-ddweud pan mae'n canu am ffans rygbi Cymru ar daith.

Roedd hi'n siwrne hir ac rwy'n credu i ni aros yn Preston i ga'l bwyd ar y ffordd yno. Dwi ddim yn cofio'n iawn achos roedd y cwrw wedi dechrau llifo hyd yn oed wrth i'r bws adael maes parcio'r Swyddfa Post. Arhoson ni mewn gwesty a fuodd yn hen gastell Albanaidd yn Biggar ac rwy'n cofio bod dewis o dros gant o wahanol fathe o chwisgi tu ôl i'r bar. Ar y nos Wener penderfynwyd y dylen ni fynd i ymweld â chlwb y glowyr yn Dalkeith ger Caeredin ar ôl gwario ychydig orie yn y brifddinas. Ceson ni'n gwahodd i ganu ar lwyfan clwb y glowyr ac addewid ca'l cwrw am hanner pris pe bai'r canu'n plesio. Doedd dim llawer o Gymry Cymraeg ar y daith felly un o ganeuon Max Boyce ganon ni rwy'n credu. Sori Max, doedden ni ddim yn ddigon da i ennill y disgownt!

Doedd yr Wythdegau ddim yn amser llewyrchus iawn i dîm Cymru, felly braf o beth oedd iddyn nhw chware ar eu gore ar y Sadwrn a maeddu'r Albanwyr o 21-25. Rwy'n cofio i David Pickering sgorio dau gais y diwrnod hwnnw. Gan 'mod i ar fy's yn llawn o fechgyn Caerdydd, roedd yn neis ca'l brolio West is Best y noson honno. Buon ni'n ymweld â'r Royal Mile a mwynhau croeso arbennig gan yr Albanwyr. Bydd croeso twymgalon bob amser 'da nhw, beth bynnag yw canlyniad y gêm, ond melysach o lawer yw'r peintie o *heavy* ar ôl ennill.

Siwrne hir bob amser yw'r siwrne gatre ac ar ôl cyrraedd Caerdydd yn hwyr ar y nos Sul, roedd pentwr o focsys cwrw yn dal i fod ar sedd gefen y bws. Fe geson ni raffl felly er mwyn eu dosbarthu'n gyflym ac yn deg. Cymeres dacsi yn ôl i Rhymney Street a gwerth nodi'r syndod ar wyneb Liz wrth iddi agor y drws i'w sboner afradlon yn cario dau focs o gwrw. Roedd 'da fe hefyd anrhegion o'r Alban iddi wrth gwrs. Roedd Liz yn ddigon cyfarwydd â geiriau Max Boyce: 'We all bring our wives back a present, so we can go next time again', a bydde hi'n disgwyl hynny o leia.

Roedd misoedd Mai, Mehefin a Gorffennaf 1985 yn gyfnod hapus dros ben i fi. Bues i'n ddigon lwcus i ga'l rhan Iestyn yn y gyfres gomedi *Fflat Huw Puw*. Od, gan taw Iestyn Jones oedd yn chwarae rhan Huw Puw. Pan fydde'r rheolwyr llawr yn galw am Iestyn, bydde Iestyn a finne'n ymateb yr un pryd. Athro ifanc oedd Huw Puw ac fel llawer o athrawon eraill, roedd yn byw mewn fflat yng Nghaerdydd. Roedd ei fflat e ar y llawr cynta a fflat Gwyn Parry, sef Julian, ar yr ail lawr – dyn hoyw oedd e ac yn byw yn y fflat ar ei ben ei hunan. Rhan actores rywiol o'r cnw Lavinia roedd Marged Elsi yn ei chwarae. Hi oedd yn byw yn y fflat yn yr atig. Lawr llawr roedd y landledi'n byw. Menyw od ac ecsentrig iawn oedd Mrs Picton

95

Jones a Iona Banks oedd yn chware'r rhan honno. Sgwater yn byw yn y fflat gyda Huw Puw oedd 'y nghymeriad inne.

Roedd sawl golygfa yn ystod y gyfres wedi'u lleoli yn y dafarn leol. *Running gags* oedd bod yna hen ddyn wrth y bar nad oedd byth yn yfed ond yn syllu ar ei beint drwy'r amser a hefyd pâr ifanc yn eistedd yng nghornel y dafarn yn lapswchan. Gwynfor Roberts oedd y gŵr hwnnw a dyna'r tro cynta i ni ga'l cyfle i ddod i nabod ein gilydd. Daeth y cyfeillgarwch yn handi wrth i ni gyfarfod yng Nghwmderi ychydig flynyddoedd yn ddiweddarach. Dwi ddim yn cofio enw'r ferch, yn wir y cyfan rwy'n cofio amdani oedd ei bod yn hoff o godi 'i siwmper bob whip stitsh i ddangos ei bronne i bawb. Nid yn unig yn y stiwdio cofiwch ond yn y coridore y tu fas i'r ystafelloedd newid a choluro hefyd. Merch wyllt a druan o Gwynfor, neu Gwynfor y diawl lwcus efalle. Gofynnwch i Gwynfor!

Ces weithio gydag Owen Garmon wrth iddo chwarae rôl plismon yn ceisio'i ore i arestio 'nghymeriad i. Roedd y golygfeydd gydag e bob amser yn creu chwerthin ymysg y cast. Gobeithio iddo swnio yr un mor ddoniol i'r gwylwyr. A sôn am chwerthin, mae yna ddywediad ymysg actorion am achlysur pan fydd actor yn chwerthin yn ystod ei berfformiad, lle na ddylai wneud. 'Corpse' yw'r gair sy'n disgrifio hyn a gall ddigwydd ar lwyfan ac yn y stiwdio. Fe wnes i hyn mewn pennod o *Fflat Huw Puw* pan own i'n methu'n lân â stopio chwerthin. Roedd Terry Dyddgen Jones, y cyfarwyddwr, yn gynddeiriog a'r mwya crac yr âi Terry y mwya doniol oedd y sefyllfa i fi ac i weddill y cast.

Digwyddodd fel hyn. Roedd yn rhaid i Lavinia a Iestyn ddod i mewn i fflat Huw Puw yn hollol ddifrifol gan glywed y landledi yn canu mas o diwn lawr llawr. Roedd Iona'n canu 'We'll gather Lilacs' mas o diwn yn llwyr gyda'r cryndod vibrato yna yn ei llais sy'n nodweddiadol o hen ferch yn canu. Mae pawb sy wedi bod mewn capel yn gwybod am yr hyn dwi'n sôn. Penderfyniad Terry oedd ca'l Iona i ganu yn y cefndir ond wrth ddod drwy'r drws fe wnes y camgymeriad o edrych ar wyneb Iestyn Jones a throi at Marged Esli hefyd. Fe fostiodd y tri ohonon ni mas i chwerthin a methu'n lân â chario mla'n gyda'r olygfa. Ar ôl rhyw bum cynnig, fe gytunodd Terry y dylai recordio Iona'n canu a dybio hwnnw i mewn wrth olygu'r rhaglen. Y trwbwl oedd y ffaith bod y canu aflafar wedi treiddio i mewn i ymennydd y tri ohonon ni. Penderfynodd Terry ofyn i Rhydian John, y rheolwr llawr, wneud arwydd â'i fraich i adael i ni wybod ble y bydden ni'n clywed Iona'n canu. Yn anffodus, roedd symudiad braich Rhydian ond yn gwneud y sefyllfa'n waeth ac roedd hi'n amhosib recordio'r olygfa. Fe symudodd Terry hi felly i ddiwedd y dydd neu'r diwrnod canlynol. Dwi ddim yn credu i Terry fod mor grac 'da fi erioed, cynt nac wedi hynny, er y buon ni'n cydweithio droeon ar *Pobol y Cwm*. Rwy'n siŵr, wrth edrych yn ôl, y bydde Terry wedi galler gweld hiwmor y sefyllfa, er ar y pryd doedd e ddim yn gyfarwyddwr hapus o gwbwl. Sori Terry. Yn *Fflat Huw Puw* hefyd y ces gyfle i weithio gydag Emyr Wyn am y tro cynta a hefyd dyna'r tro cynta i Sara Harries Davies a finne weithio gyda'n gilydd ers gadael ysgol. Roedd pawb a oedd yn gysylltiedig â *Fflat Huw Puw* yn siomedig na chafodd hi ail gyfres.

Ar ôl dod nôl o'r mis mêl fe ges gynnig rhan fach yn y sebon *Dinas*. Enw fy nghymeriad yn yr opera sebon boblogaidd hon oedd Huw James. Roedd hyn yn rhyfedd gan taw dyna enw un o'n ffrindie gore yn Ysgol Pentrepoeth slawer dydd. Roedd setie Dinas mewn warws yn Heol Penarth gyferbyn â'r safle lle mae bragdy Cwrw Brains heddiw. Ces y fraint o weithio gyda Christine Pritchard am y tro cynta a rown i'n gweithio'n agos gyda Wynford Elis Owen hefyd yn ogystal â Naomi Jones rhwng mis Rhagfyr 1985 a Ionawr 1986. Golygfa gyda Naomi oedd y tro cyntaf i fi orfod cyffwrdd â chorff menyw yn dreisgar. Roedd yn anodd iawn i fi a gallaf ond dychmygu sut roedd Naomi'n teimlo. Roedd Naomi a minnau'n gyffyrddus yng nghwmni'n gilydd ac yn ddigon proffesiynol i ddod i ben â hi. Diolch hefyd i Graham Jones am ei gyfarwyddo deallus yn ystod yr olygfa anodd hon. Diolch i bawb am y croeso ges i ganddyn nhw.

Gweithies gyda Wynff a Mici Plwm hefyd yn ystod y cyfnod yma. Chwarae doctor mewn golygfa fer yn un o benode Syr Wynff a Plwmsan. Rhaglen eiconig yn hanes darlledu Cymru ac fe fues i'n atalnod bychan yn y sgript gyflawn.

PENNOD 14

Gwyneb addas ar gyfer y radio

YN 1986 CES fy newis i chwarae cymeriad o'r enw John mewn pennod o gyfres lwyddiannus iawn sef *Dihirod Dyfed*, cyfres o ffilmie hanesyddol wedi'u cyfarwyddo gan Paul Turner. Mae Paul yn adnabyddus wrth gwrs am gyfarwyddo'r ffilm *Hedd Wyn* a gafodd ei henwebu am Oscar am y ffilm dramor orau. Enw'r bennod rown i ynddi oedd *Y Rhwyg*, stori am ddau frawd, John a Defi, a'u chwaer, yn gofalu am ffarm, Ffrydie yn Sir Gaerfyrddin. Dyma'r tro cynta i fi weithio gyda Dafydd Hywel a Marian Fenner a ni'n tri oedd teulu'r ffarm. Daeth morwyn ifanc i weithio yn y ffarm ac achosi rhwyg rhwng y ddau frawd. Nia Samuel oedd yn chwarae'r forwyn ifanc.

Ffilmiwyd y golygfeydd mewn ffermdy yn Nhregaron, capel yn Ffaldybrenin a bwthyn ger Meidrim. Roedd rhaid ffilmio'r golygfeydd allanol yn y gaeaf hefyd ac fe wnaed hynny yn nechre 1987 yn Nhregaron. Anghofia i fyth ca'l fy rhoi i aros mewn stafell foethus yn Y Falcondale ger Llanbed a chael fy nhrin fel seren ffilm go iawn, eto doedd hi ddim yn fêl i gyd. Ychydig cyn dechre ffilmio ces fy anfon i ga'l gwersi marchogaeth mewn canolfan ger Caerffili a manteisiodd Liz a'n ffrindie Dave Wall ac Anne Langan ar y cyfle i ddysgu hefyd. Roedd cwmni Teliesyn yn talu amdana i, wrth gwrs, felly dim ond talu am Liz roedd yn rhaid gwneud. Ceson ni hwyl yn ystod y gwersi ac rown i'n eitha hyderus ar gefn ceffyl erbyn cyrraedd y lleoliad yn Nhregaron. Wrth ffilmio serch hynny fe gododd problem, neu hwyrach probleme, enfawr. Cyflwynwyd fi i'r ceffyl roedd disgwyl i fi ei reidio ond... yn gynta doedd dim cyfrwy ar yr anifail, yn ail rhaff oedd yng ngheg y ceffyl yn hytrach na ffrwyn lleder a hefyd roedd Paul yn disgwyl i fi garlamu trwy goedwig ar gefen y ceffyl. Doedd dim Health and Safety bryd hynny ond cytunodd pawb ar y set y bydde fe'n rhy beryglus i adael i Hywel Emrys wneud y stynts ei hun. Cytunodd perchennog y ceffyl felly wisgo 'nillad i ac fe saethwyd y golygfeydd carlamu o bellter. Cytunes inne wneud y siot ble roedd y ceffyl yn arafu a fi'n neidio oddi ar ei gefen. Problem? Oedd. Rown i'n gwisgo clocs pren ar fy nhraed ac fe benderfynodd y ceffyl ddamshel ar fy nhro'd gan ddal bawd fy nhro'd rhwng ei bedol haearn a'n sowdl bren. Trodd yr ewin yn ddu a disgyn i ffwrdd ym mhen wythnos. Feiddiwn i ddim dweud wrth Paul gan nad oedd e'n hapus fod Teliesyn wedi talu am wersi nad oedd gwir eu hangen.

Yn ystod ffilmio'r golygfeydd yn y gaeaf roedd rhaid i fi a DH weithio mewn ffos yn llawn o ddŵr. Roedd Paul yn disgwyl i fi neidio i mewn i'r dŵr yn fy nghlocs pren. Dim diolch, fe roddes i 'nhraed mewn bagie bin plastig du a sane ar ben rheini cyn mentro i mewn i'r dŵr. Wedi awr o ffilmio rown i wedi colli pob teimlad yn 'y nhraed ac roedden nhw'n las eu lliw am orie wedi i fi gyrradd yn ôl yn y Falcondale. Fel y gallwch chi ddychmygu, dyw bywyd actor ddim yn fêl i gyd.

Nawr dyma 'nghyfle i gyfadde 'mod i wedi anghofio llinelle ar bwrpas unwaith wrth ffilmio. Bydde William Gwyn, Gwyn Elfyn a Ieuan Rhys yn dweud yn y fan hon 'mod i'n gwneud hynny drwy'r amser, ond yn yr achos yma rwy'n fodlon codi fy llaw a chyfadde eu bod nhw'n llygad eu lle. Rown i'n ffilmio golygfa yn ffermdy Bronwydd ger Tregaron lle'r oedd y chwaer yn coginio cawl i fwydo'r brodyr. Roedd y dylunydd setie wedi coginio cawl go iawn yn y lle tân a heb air o gelwydd, ar wahân i gawl Mam, dyma'r cawl gore i fi ei flasu erio'd. Roedd ambell gamgymeriad fan hyn a fan draw yn golygu bod yn rhaid ail lenwi'r powlenni pren â chawl cyn ailddechre'r olygfa. Mae gen i deimlad bod DH wedi dewis 'anghofio' ei linelle fe hefyd, er doedd hi ddim yn gymaint o gawlach â'r ceffyl, ta p'un 'ny.

Yn 1986 hefyd, fe fentrodd Ieuan Rhys ofyn i fi fod yn was priodas iddo fe. Pam? 'Sda fe na fi ddim syniad ond rwy'n cofio i fi wneud smonach o'r araith yn y briodas, er i fi wneud jobyn go dda o ddarllen y cardie! Rown i'n genfigennus iawn o dad Manon, gwraig Ieu, am iddo wneud jobyn ardderchog gan gynnwys llinell debyg i hon, "Os oes rhaid ca'l plismon yn y teulu, gore i gyd taw plismon drama yw e!" Gan ystyried taw Angharad Tomos, cyn-gadeirydd Cymdeithas yr Iaith, yw un o chwiorydd Manon, roedd hon yn fy marn i yn gracyr o linell. Roedd hi'n fraint ac anrhydedd bod yn was yn y briodas honno.

Rown i'n dechre meddwl 'mod i wedi ca'l fy nghreu ar gyfer rhannau mewn ffilmie hanesyddol achos yn 1987, dim sbel ar ôl gorffen *Dihirod Dyfed*, ces chwarae rhan William Baines mewn ffilm drama ddogfen o'r enw *Ffugwyr San Clêr*. Gareth Lloyd Williams gynigodd y rhan i fi. Roedd ei gwmni, Ffilmiau Llifon, yn ffilmio yn ardal Trefynwy a gan ei fod mor agos i Gaerdydd rown i wedi bwriadu teithio o gartre gan i fi weld isie Liz wrth ffilmio yn y Gorllewin. Ond, wrth reswm, mae amserlenni ffilmio'n galler newid ar fyr rybudd yn amal, oherwydd y tywydd gan fwya ond hefyd drwy salwch, argaeledd lleoliade a llu o resyme eraill. Roedd yn well gan y cwmni 'mod i'n aros mewn B&B yn Nhrefynwy. Ces le cynnes a brecwast mawr bob bore cyn cychwyn i'r gwaith. Fe ges gyfle i weithio gyda Gwenyth Petty, Nia Caron a Richard Mitchley a hefyd, mewn ambell olygfa, gydag Elfed Lewis, y canwr gwerin enwog. Roedd Elfed yn fab i'r Parch Morley Lewis a oedd yn gyfaill i Nhad ac fe geson gyfle i ddod i nabod ein gilydd yn well. Rown i'n gyfarwydd â gweithio gyda Nia oherwydd i fi barhau i weithio fel actor yn y cefndir yn y gyfres *Torri Gwynt*. Ar y pryd roedd fy mrawd yn byw yn Pwll Trap ger San Clêr, felly roedd o ddiddordeb i fi bod y stori wedi'i lleoli yn San Clêr er ei bod yn ca'l ei ffilmio yn Sir Fynwy. Ydi mae'r byd adloniant yn twyllo.

Yn *Y Rhwyg*, DH oedd y dihiryn ond yn bendant yn *Ffugwyr San Clêr*, fi, William Baines, oedd y gwir ddihiryn. Yn 1817 daeth William Baines, a'i fodryb Elizabeth Baines a'i gyfnither Jane Baines i fyw yn San Clêr ar ôl teithio yno o'r Iwerddon. Roedd y teulu'n boblogaidd iawn er bod gan bobl amheuon am William. Ar ôl i arian ffug ga'l ei ddarganfod mewn banc yng Nghaerfyrddin fe gadwodd yr heddlu lygaid ar y teulu. Arestiwyd Elizabeth a Jane yng Nghaerfaddon a William ym Mryste. Bradychwyd William gan y menywod. Carcharwyd Elizabeth a Jane am flwyddyn ond cafodd William druan ei grogi. Mae'n debyg taw William oedd y person ola i ga'l ei grogi'n gyhoeddus o flaen carchar Caerfyrddin.

Roedd yn bleser ca'l gweithio ar y ffilm hon gan fod Gareth Lloyd Williams yn ŵr bonheddig a chanddo ddawn arbennig o ofyn i actorion wneud yr hyn roedd e'n ei ddymuno heb godi llais na cholli tymer. Roedd ei gyngor yn amhrisiadwy ac fe ddysgwn rywbeth newydd bob dydd. Mewn golygfeydd emosiynol, mae gweld sut mae actor arall yn mynd ati i'w gyfleu yn galler dangos techneg arbennig y gallwch ei ffeilio yn y meddwl a'i defnyddio mewn golygfa debyg yn y dyfodol.

Ar wahân i *Ffugwyr San Clêr* roedd 1987 yn flwyddyn anodd gan na ches i lawer o waith. Doedd 'da fi ddim asiant a doedd dim cefndir theatr 'da fi. Felly, pan glywes fod HTV yn chwilio am drefnydd cynulleidfaoedd ar gytundeb o chwe mis, ceisies am y swydd, ac fe fues i'n ddigon lwcus i'w chael. Roedd yn waith pleserus gan fod swyddfa 'da fi yng Nghanolfan HTV yng Nghroes Cwrlwys ac roedd y trefnydd blaenorol wedi gadael llyfr o gysylltiade defnyddiol iawn. Roedd y *Yellow Pages* yn ddefnyddiol tu hwnt hefyd ac roedd gan HTV gopi ar gyfer pob ardal yng Nghymru. Hawdd, felly, oedd cysylltu ag ysgolion a cholege er mwyn sicrhau cynulleidfaoedd ar gyfer rhaglenni pobol ifanc. Bydde HTV yn talu am fysys i gludo pobol i'r stiwdio, yn darparu lluniaeth ac yn rhoi alcohol am ddim ar gyfer stiwdents coleg – atyniad allweddol iawn.

Ar y pryd roedd gan HTV dair stiwdio a bydde cynulleidfa yn un o'r stiwdios bob nos tra bues i yno. Bues i'n gyfrifol am ga'l cynulleidfaoedd i'r rhaglen bobol ifanc, *Stid* ac i raglenni adloniant ysgafn fel *Dawn*. Rwy'n cofio i fi gyfarfod â Sue Roderick am y tro cynta wrth iddi recordio ei rhaglen *Dawn* ac fe wnaeth fy swyno gyda'i chanu. Menyw hyfryd, hynod dalentog yw Sue sydd wedi dod yn ffrind.

Un o'r rhaglenni rown i'n gyfrifol amdani oedd rhaglen *Elinor*, cyfres o dair ar ddeg o raglenni a phob un yn canolbwyntio ar un o hen siroedd Cymru. Cafodd Eurof Williams, y cyfarwyddwr, y syniad o wahodd cynulleidfa o'r sir dan sylw i ddod i'r stiwdio. Dyma fi'n mynd ati a chael pobol o Lanelli ar gyfer y rhaglen am Sir Gaerfyrddin a Hwlffordd ar gyfer y rhaglen am Sir Benfro ac yn y blaen. Doedd dim e-byst yr adeg hynny felly câi popeth ei gadarnhau drwy lythyr a galwade ffôn. Rhaid bod fy sylw wedi'i dynnu at rywbeth arall achos fe anghofies yn llwyr ffonio i gadarnhau cynulleidfa o Sir Fflint. Ar y noson, roedd popeth yn barod yn y stiwdio, ond dim sôn am y gynulleidfa. Ffonies i'r fenyw rown i wedi trefnu gyda hi i ddod â chynulleidfa o Fflint, ond roedd hi wedi newid ei meddwl ac wedi penderfynu peidio â dod ac felly wedi canslo'r bws, heb ddweud gair wrtha i. Roedd bai arna inne am beidio ffonio a gwneud yn siŵr eu bod nhw'n dod.

Felly buodd yn rhaid i fi wynebu Elinor ac Eurof a dweud na fydde ganddyn nhw ddim cynulleidfa o Sir Fflint. Mae dweud bod Eurof yn grac yn yffach o *understatement*. Siomedig oedd Elinor, ond roedd Peter Elias Jones yn tampan. Eto, roedd yn edmygu'r ffaith 'mod i'n derbyn taw fi oedd ar fai a neb arall. Aeth Peter ati a rhoi neges mas ar y Tannoy yn gofyn i aelode Staff HTV ddod i'r stiwdio i fod yn gynulleidfa ar raglen Elinor. Diolch byth fe geson ni ymateb ffafriol iawn. Testament i boblogrwydd Peter ac Elinor? Teimlo'n flin drosto i? Pwy a ŵyr? Ond y gynulleidfa honno oedd yr un ore yn y gyfres, weden i, er efalle 'mod i'n rhagfarnllyd am eu bod nhw wedi fy achub i.

Ar ôl gorffen y stint fel trefnydd cynulleidfaoedd fe ges alwad oddi wrth Menna Gwyn. Rown i'n wedi bod yn trio'n galed i ga'l cyfle i fod yn gyflwynydd ar Radio Cymru, heb ryw lawer o lwyddiant. "Pam na 'set ti wedi dweud taw mab Emrys a Ray Jones o't ti?" gofynnodd Menna. "Dere lan i weld fi fory yn BH."

Rown i'n benderfynol 'mod i'n mynd i lwyddo ar fy liwt fy hunan yn y busnes a down i ddim eisie unrhyw ffafre fel na alle neb bwyntio bys ata i. Dwi ddim yn gwbod sut ffeindiodd Menna mas chwaith, ond y gwir cignoeth yw 'mod i wedi ennill fy nghyfle ar Radio Cymru oherwydd 'mod i'n fab i'r Parch Emrys Jones. Chware teg i Menna hefyd. "Ti'n ca'l cyfle, on os byddi di'n gwneud cawlach o bethe, fyddi di'n gadel, ta pwy wyt ti." Roedd hwnna'n ddigon teg. Ces fy hyfforddi gan Menna gyda dau berson arall sydd bellach yn enwog ym myd y cyfrynge yma yng Nghymru. Gareth Blainey a Daloni Metcalfe.

Roedd y swydd yn golygu darllen y lincs cyn ac ar ôl rhaglenni, darllen y newyddion, ac ysgrifennu a recordio hysbysebion am raglenni ar Radio Cymru. Bydde'n rhaid i ni amseru popeth hefyd, felly roedd gallu adio a thynnu mas o 60 yn handi iawn, a'r cyfan yn fyw ar yr awyr. Fe ges fodd i fyw am y cyfnod byr iawn y bues i'n gyflwynydd Radio Cymru. Mae'n gyfnod pwysig ac anrhydeddus ar fy CV.

Rargian Fawr!

YN 1988 FE es i am yr eildro i weld Cymru'n chwarae oddi cartref. Blwyddyn gymharol lwcus i rygbi Cymru a blwyddyn newidiodd fy mywyd yn llwyr ym myd y cyfrynge. Rown i yn Landsdowne Road, Dulyn pan giciodd Paul Thorburn ei gic yn y funud ola i ennill y Goron Driphlyg i Gymru am yr unig dro yn yr 80au. A dweud y gwir, gan ystyried beth ddigwyddodd ar y nos Wener rwy'n lwcus 'mod i wedi bod yno o gwbwl.

Fy nghyfaill mynwesol ers dyddiau Cyncoed a Stacey Road, sef Nev, oedd y gyrrwr, gyda fi, David Thomas (Tom) ac Alan Davies yn gyd-deithwyr. Roedd y pedwar ohonon ni'n gyfarwydd iawn â'n gilydd gan y bydden ni'n mynd bob nos Fercher i weld gêm rygbi a chladdu cwpwl o beints gyda'n gilydd. Yn y dyddie hynny bydde gêm yn rhywle'n ddigon agos i Gaerdydd bob nos Fercher ac fe fuon ni'n eitha eclectig ein dewis. Buon ni yn Abertyleri, Glyn Ebwy, Rodney Parade, Pontypŵl, Pen-y-bont, Pontypridd, Aberafan ac Abertawe unwaith i weld Awstralia. A dweud y gwir dim ond Y Strade oedd ddim ar ein rhestr nos Fercher oherwydd y pellter. Od iawn wrth feddwl 'mod i'n gefnogwr brwd y Scarlets.

Fe yrrodd Nev yr holl ffordd i Gaergybi er mwyn dal y fferi ddiwedd y prynhawn i Dun Laoghaire. Wrth gwrs, gan fod Cymru'n mynd am y Goron Driphlyg a'r Gamp Lawn, roedd y llong dan ei sang. Tro Tom oedd hi i fynd i'r bar. Gan fod y ciw fan'no tua chwe pherson o ddyfnder a Tom yn ddiamynedd aeth i'r 'Duty Free' a phrynu potel liter o Vodka. Gan taw Nev oedd yn gyrru, Tom, Alan a finne wnaeth rannu'r botel. Nawr, dyma ble aeth pethe o chwith braidd. Dywedes wrth Tom na allen i yfed Vodka heb sudd oren. Bant ag e i'r siop ar fwrdd y llong a dod nôl â chwe can o Tango. 'Na i gyd galla i ddweud yw bod yfed Vodka a sudd oren yn un peth, ond mae yfed Vodka gyda sudd oren fizzy yn beryg bywyd. Sa i'n cofio cyrraedd Dun Laoghaire; sa i'n cofio dim tan y bore trannoeth.

"Would you like some Crispies for breakfast?" holodd llais swynol Gwyddelig, perchennog y B&B. Dim gair o gelwydd, dim ond llond llwy de yr un o Crispies oedd yn y bocs. Testun chwerthin o hyd bob tro bydda i a Nev yn sôn am y trip hwnnw. Roedd yr wy a'r bacwn tipyn bach mwy derbyniol. Dim lot ond roedd mwy ohono nag o'r grawnfwyd.

Bant â ni i ganol y ddinas. Finne'n difaru creu arwydd siâp gwydr Guinness gyda'r geiriau 'Wales. Pure Genius' arno. Gorfod cario'r dam peth i bobman. Cael cosb am chwifio'r arwydd yng ngwyneb y gŵr wnaeth ofyn i ni "Anything to Declare?" wrth i ni yrru oddi ar y fferi. Nev sy'n dweud 'mod i wedi gwneud hynny. Sa i'n credu gair. Base'r sawl sy wedi bod gyda fi ar dripie rygbi'n gwadu fod y fath beth yn bosib!

Gêm ddi-fflach oedd hi. Blaenasgellwyr Iwerddon yn cadw Jonathan Davies yn dawel, am unwaith, er bod y canlyniad yn un derbyniol iawn. Rwy'n credu i Nev ein harwain i Temple Bar am y noson. Fe welon ni bod O'Donoghues yn orlawn a buodd rhaid rhoi'r gore i geisio mynd i mewn. Bydde'n rhaid aros am gwmni gwahanol ac achlysur gwahanol cyn mynychu'r dafarn enwog honno. Noson wyllt arall a gwin y gwan yn gwmni'r tro yma. Roedd Dulyn yn llawn Cymry, ambell Sais yn rhyfedd iawn a chwpwl ifanc newydd briodi o Seland Newydd. Cawson ni focs newydd sbon o Crispies y bore canlynol a'r fferi yn ôl i Sir Fôn. Roedd rhieni Tom yn byw ym Mae Trearddur ac fe gawson ni ginio dydd Sul hwyr a chroeso cynnes cyn ymlwybro nôl i Gaerdydd. Yn rhyfedd iawn daeth yr arwydd gwydr Guinness yn ôl gyda ni; atgof o drip cofiadwy.

Tua'r un cyfnod ces ran mewn cyfres gomedi radio o'r enw *Dyma'r Newyddion*; llond siop o gyd-ddigwyddiade unwaith eto. Awdur y gyfres oedd Martyn Williams, mab hynaf y Parch Cyril Williams a'r Cyfarwyddwr oedd Lyn (LT) Jones, un o ffrindie agos fy mrawd. Pan oedd yn fyfyriwr yn Y Drindod yng Nghaerfyrddin, roedd Lyn yn ymwelydd cyson yn y Mans. Gŵr annwyl, llawn hiwmor.

Drama ysgafn am newyddiadurwr a'i sidekick oedd *Dyma'r Newyddion*. Fi oedd yn chwarae Snitch y sidekick a Ronnie Williams (Ryan a Ronnie) oedd yn chwarae'r newyddiadurwr. Ronnie Williams a LT, rysáit dda am gwpwl o ddiwrnode hapus iawn. Recordiwyd y gyfres gyfan yn Abertawe er mwyn hwyluso pethe i Ronnie. Câi e, ar y pryd, drafferthion rheoli alcohol ond roedd yn bleser bod yn ei gwmni ac fe gawson ni hwyl wrth ein gwaith. Roedd Ronnie bob amser yn broffesiynol iawn wrth ei waith. Heddwch i'w lwch.

Er fy mod wrth fy modd yn gweithio yn y cyfrynge, ysbeidiol iawn oedd y gwaith ac roedd Liz a finne'n byw mewn dyledion bron drwy'r adeg. Byddwn i'n gweithio i dalu'r dyledion yna, ond pan fyddwn yn ddi-waith, aem ni i fwy o ddyled. Roedd gwaith teledu'n talu'n dda, ond doedd gwaith ar y radio ddim yn talu cystal. Bywyd digon anodd sydd gan y rhan fwya o actorion ac mae'n ffaith bod hyd at 92% o actorion mas o waith ar unrhyw adeg yn y Deyrnas Unedig, er byddwn yn tybio bod y ffigwr ychydig yn wahanol yng Nghymru. A dweud y gwir yn onest, oni bai am yr iaith Gymraeg a galwad ffôn oddi wrth Peter Edwards, prin y byddwn i wedi bod yn actor. Cofiwch taw gadael dysgu er mwyn bod yn gyflwynydd oedd 'y mwriad gwreiddiol i. Mae bod yn actor yn golygu bod yn barod i wynebu cyfnode hir heb waith. Dyna pam mae cynifer o actorion yn gweithio mewn bwytai, tafarndai ac yn y blaen ac yn disgwyl am y cyfle pan fydd pethe'n newid. Un o'r actorion rwy'n ei edmygu'n fawr am ei ddyfalbarhad a'i weithgarwch yw Ieuan Rhys. Mae Ieuan fel petai'n gweithio drwy'r amser ond mae hyd yn oed fe'n wynebu cyfnode o fod yn ddi-waith. Roedd diffyg gwaith yn rhwystredig iawn i Liz a finne, am ein bod ni ar bigau drain eisie dechre teulu ond doedd y sefyllfa ariannol ddim wir yn caniatáu hynny. Roedd Liz a fi newydd drafod y cam nesa yn fy ngyrfa pan dda'th galwad ffôn annisgwyl iawn oddi wrth Dennis Pritchard Jones. Gofynnodd Dennis a fydde hi'n ocê iddo alw heibio yn 117 Rhymney Street gyda Gari Williams i gael sgwrs fore drannoeth. Fe fydde newyddion 'da fi i Liz pan ddele hi adre o'r gwaith!

Roedd Gari a'i frawd Elwyn a Glan Davies, cyfarwyddwyr Cwmni'r Castell, yn awyddus i fi ymuno â chriw *Rargian Fawr* ar gyfer ffilmio eu cyfres nesa. Bydde'n golygu cyfnod hir o fod oddi cartre, wrth deithio o amgylch Cymru ac roedd Dennis a Gari eisie gweld a oedd y prosiect yn apelio. Roedd Gari ar y pryd yn un o sêr mwyaf Cymru ac roedd *Rargian Fawr – Candid Camera* Cymru – yn un o raglenni mwya poblogaidd S4C. Doedd dim angen llawer o berswâd arna i. Cyfres o naw rhaglen, felly bydde ffi naw pennod, treulie teithio fesul milltir a threulie nos a dydd yn unol â graddfa swyddogol Equity. Cytunes ac roedd 'da fi waith ar gyfer y Gwanwyn hwyr a'r Haf. Galla i ddweud taw gweithio ar *Rargian Fawr* oedd un o'r jobsys gore rown i wedi'i ga'l yn fy ngyrfa hyd at hynny.

Gofynnodd Gari a fydden i'n fodlon teithio i Fae Colwyn ar gyfer cyfarfod cynhyrchu yn swyddfeydd Cwmni'r Castell. Felly, yr wythnos ganlynol ces gyfarfod ag Elen Rhys a Dafydd Edmwnd fy nghyd-actorion am y tro cynta ac roedd Gari, Elwyn a Dennis yno hefyd, wrth gwrs. Dyn addfwyn iawn oedd Elwyn, dyn tawel, yn hollol wahanol i Gari. Roedd Dennis yn ddyn egnïol a'i frwdfrydedd yn heintus. Dennis oedd un o'r prif resyme i fi fwynhau shwd gymaint gwneud y jobyn yma, er i ni gael un ffrae yn Sir Gaerfyrddin.

Roedd fy ngyrfa tan hynny wedi bod yn llawn o gyd-ddigwyddiade. Doedd *Rargian Fawr* ddim yn eithriad. Mae Dafydd Edmwnd yn frawd i Sara Harries-Davies ac roedd

Dafydd yn ddisgybl yng Ngholeg Llanymddyfri yr un pryd â finne, er ei fod e'n iau na fi. Pan weles ei wyneb am y tro cynta ers blynyddoedd ym Mae Colwyn fe wnes ei adnabod yn syth. Doedd yr enw Edmwnd ddim wedi canu cloch ond dyna ble roedd Dafydd Harris-Davies yn sefyll o 'mlaen i. Rhyfedd o fyd.

Roedd yn bleser cael cyfarfod ag Elen am y tro cynta hefyd. Bellach mae Elen mewn swydd gyfrifol yng nghoridore S4C. Merch ifanc, frwdfrydig ac annwyl oedd Elen bryd hynny a chanddi acen hudolus y canolbarth yn gwmws fel Linda Griffiths (Healy ar y pryd). Doedd dim y fath beth â 'chath' yn bodoli i Linda nac Elen, ond 'ciêêth' fydde hi bob amser. Amhosib ysgrifennu acen, rhaid i chi ei chlywed.

Fe aeth *Rargian Fawr* â ni i bob cwr a chornel o Gymru; Caerdydd, Abertawe, Aberystwyth, Aberaeron, Caernarfon, Caerfyrddin, Llandudno ac Abermaw i enwi ond ychydig o'r llefydd. Ond anghofia i fyth mo Treforys na Drefach Felindre. Yn Nrefach Felindre yn Sir Gâr cwmpodd Dennis a finne mas, fel mae'n digwydd oherwydd cyd-ddigwyddiad rhyfedd arall. Pan own i'n grwtyn bach, bydde Nhad yn mynd yn amal i Drefach Felindre i gynnal darlithoedd dan nawdd y WEA. Sawl tro es gyda fe ac aros yng nghartref Gwynfor Jones, ffrind i Nhad, tra bydde Dad yn darlithio. Yn Nrefach Felindre chwaraewyd tric ar ddyn oedd yn hoffi prynu cig ffres a'i gadw yn ei rewgell newydd sbon. Aeth Gari i'w iard ffrynt gyda mochyn byw. Daeth y gŵr mas a Gari'n dweud ei fod e a'i ffrind, y person wnaeth ysgrifennu at *Rargian Fawr*, wedi archebu hanner mochyn yr un, ond fe fydde'n rhaid lladd y mochyn yn y fan a'r lle er mwyn cyflawni'r archeb. Doedd y gŵr ddim yn hapus ond doedd ci ymateb i'r sefyllfa ddim mor danbaid ag yr oedd ei ffrind wedi disgwyl iddo fod felly gwnaeth Dennis stopio recordio.

Wrth syllu ar y dyn, rown i'n hanner meddwl 'mod i'n ei adnabod. Es i lan ato a gofyn iddo ai Gwynfor oedd ei enw.

Gwnaeth fy adnabod yn syth a gweiddi'n uchel, "Wel, Hywel bach!" gan fy nghofleidio ac ymateb ganwaith yn fwy bywiog nag a wnaeth gyda'r mochyn. Yn wir roedd wedi gwirioni'n llwyr iddo 'nghyfarfod wedi'r holl flynyddoedd a 'mod inne wedi'i adnabod. Dyma'r math o ymateb roedd Dennis wedi methu ei gael ar ffilm. Roedd Dennis yn tampan. "Pam na 'se ti wedi gweud bod ti'n nabod e? Basen i wedi gadael i'r camerâu redeg. O'dd hwnna'n gwmws y math o beth ni'n moyn ar y rhaglen, y twpsyn," neu ryw eirie tebyg. Rown i'n gwbod taw siom Dennis oedd yn gyfrifol, am nad oedd un o'r stynts wedi gwitho cystel â'r disgwyl, a phan ges i'r cyfle i esbonio nad own i gant y cant yn siŵr ai Gwynfor oedd e, derbyniodd Dennis y rheswm yn llwyr. Mae Dennis a fi'n debyg iawn yn hyn o beth, natur fel matsien yn tanio a thawelu yr un mor glou. Roedd Dennis yn browd iawn ohona i yn Nhreforys, ta beth. Dilynes ei gyfarwyddiade i'r llythyren ac fe gawsom ar gamera, yn fy marn i, stynt ore'r gyfres gyfan.

Roedd gŵr yn Nhreforys a chanddo dipyn o dymer. Pan wnaeth ei wraig ganiatáu i sipsiwn roi tarmac ar ei rodfa ger y tŷ ychydig flynyddoedd ynghynt, heb gysylltu ag e'n gynta, aeth yn hollol wallgof. Ysgrifennodd hi at Gwmni'r Castell a gofyn oedd yna ffordd y gallen ni chwarae tric arno i ddenu ymateb tebyg. O, oedd a dyna beth wnethon ni

Y noson cynt, fe geson ni gyfarfod yn y gwesty i drafod y *set-up*. Roedd tri chamera cudd ac roedd Dennis, Gari, Dafydd a finne wedi ystyried y gwahanol ffyrdd y gallen ni wneud yn siŵr y bydde'r targed yn colli'i dymer yn raddol. Roedd yn bwysig hefyd ein bod yn gweithio'n galed i'w gadw ar ei lawnt ffrynt yng ngolwg y camerâu. Roedd gan Dafydd a finne feicroffon bychan yr un ar ein gwisgoedd er mwyn recordio'r sgwrs.

Roedd gan y gŵr a'i wraig dŷ hyfryd mewn cul-de-sac tawel. Pan dda'th e gatre o'i waith roedd *bay window* blaen y tŷ ar y lawnt yn deilchion ac roedd Dafydd a finne'n aros amdano wrth iddo barcio'i gar. Yn naturiol gofynnodd i ni beth oedd ar waith. Dywedes wrtho ein bod wedi bod yn gwerthu Double Glazing yn lleol a'n bod wedi sylweddoli bod un bay window ar ôl yng nghefn y fan. Dywedes i ni ofyn i'w wraig a fydde diddordeb 'da hi gael y ffenest wedi'i ffitio am ddim a bod y ffenest yn fargen. Roedd y gŵr yn awyddus i gael gwybod faint oedd y pris. Dywedodd Dafydd wrtho ei bod yn costio un mil a chwe chant o bunnoedd, ffortiwn yn 1988. Fe aeth yn benwan. Dywedes wrtho y bydde fe'n safio saith cant drwy ga'l y ffenestr wedi'i gosod am ddim. Doedd e ddim yn hapus ac aeth i mewn i'r tŷ. Wrth gwrs roedd yn rhaid ei gael e mas o'r tŷ ar gyfer y camerâu a symudes i a Dafydd at stepen drws y ffrynt fel bydde'r gŵr yn galler ein clywed yn glir. Dywedes wrth Dafydd:

"Sawl gwaith ma' rhaid i fi weud tho ti am beidio iwso dy fys bawd i fesur modfedd. Ma'r ffenest 'na ddwy fodfedd mas o sgwâr, grwt!"

"Sori!" medde Dafydd, "Wna i ddim o 'na 'to!"

"Ti wedi gneud 'na'n llawer rhy amal yn barod. A byddi di'n dishgwl i fi weud wrtho fe, sbo!"

"Gweud beth?" holodd y gŵr nôl ar y lawnt o flaen y camerâu.

"Mae'n ddrwg 'da fi ond mae'r ffenest werthon ni i'ch gwraig yn rhy fach i lenwi'r twll.' meddwn i wrtho fe a phwyntio at y gofod enfawr yn ei wal ffrynt. Roedd ei wyneb yn dechrau cochi mewn tymer, felly roedd yn amser i roi pwyse pellach arno.

"Fe allwn ni archebu un arall i chi, syr," mynte Dafydd.

"A faint o amser bydd hynna'n cymryd?"

"O, dim sbel fawr," medde fi. "Rhyw chwe mis."

"Ie," medde Dafydd, "Ac fe allwn ni roi chipboard mewn fory i stopo chi rhag ca'l drafft."

Fe aeth y gŵr yn borffor a mynnu siarad gyda'r bos yn y swyddfa.

"Mae'r bos ar 'i wylie yn Ibiza," medde fi.

"Wel fi'n mynnu siarad 'da'r dyn sy'n rhedeg y cwmni tra bo fe bant," medde fe, "Pwy yw e?"

"Fi", meddwn i, "so, beth yn gwmws yw'r broblem?"

Ar y foment honno fe anfonodd Dennis y wraig aton ni. Wrth iddi gyrraedd, fe sylweddolodd pawb, pe bai ei gŵr yn mynd i mewn i'r tŷ ati, fydde hi, mwy na thebyg, byth yn dod mas yn un darn. Anfonwyd Gari o flaen y camerâu yn gwisgo wig a sbectol haul tywyll. Y bos wedi dod nôl o Ibiza ac yn tsieco ar lafur ei weithwyr cyflogedig.

Gwnaeth y gŵr fynnu bod ffenest newydd yn cael ei gosod ar unwaith a'i fod yn disgwyl disgownt sylweddol a thra bo fe'n gosod y drefen yn wyllt ei dymer fe dynnodd Gari ei wig a'i sbectol. Roedd wyneb y dyn yn bictiwr wrth iddo sylweddoli beth oedd yn digwydd. Cafodd ei ddal *hook, line and sinker*! Rhaid dweud 'mod i wedi mwynhau gweithio gyda Gari a'r criw i gyd, pob jac wan.

Dwy flynedd ar ôl gorffen ffilmio, bu Gari farw ac yntau ond yn 44 oed. Rhy ifanc o lawer ac yn golled enfawr i adran adloniant ysgafn S4C. Teithies i yng nghwmni Ieuan Rhys i Fae Colwyn i'w angladd ac roedd y Capel a'r amlosgfa dan eu sang. Rwy'n hynod falch 'mod i wedi cael gweithio gyda fe a bod yn gydymaith iddo ar daith drwy Gymru yr haf hwnnw.

Yn ystod taith *Rargian Fawr* derbyniais alwad ffôn bwysig iawn oddi wrth Gwyn Hughes Jones. Ar y pryd, Gwyn oedd cynhyrchydd *Pobol y Cwm*.

PENNOD 16

Gweithio gyda 'Maradona'

CYD-DDIGWYDDIAD HOLLOL, ROEDD Gwyn Hughes Jones yn briod â Rhun Daniel. Chwaer i Emyr Daniel yw Rhun ac yn ferch i un o ffrindie penna Nhad, y Parch. Moelwyn Daniel. Roedd Moelwyn yn dal yn fyw yr adeg hynny ac fe gafodd Gwyn a finne sawl sgwrs am 'yr hen foi'. Fe ddes i nabod Gwyn yn dda dros y blynyddoedd ac ar ôl iddo orffen ei gyfnod fel cynhyrchydd *Pobol y Cwm*, daeth yn ôl droeon i gyfarwyddo.

Fe ddaeth yr alwad ffôn, a finne yng nghanol ffilmio gyda Gari Williams a'r criw. "Hywel," medde fe wrtha i, "ma' *Pobol y Cwm* yn dechre nôl ym mis Medi ar fformat newydd. Pum pennod yr wythnos tan fis Mehefin. Hoffen i gynnig cytundeb o un bennod a hanner i ti bob wythnos yn y gyfres gan fod gynnon ni ddiddordeb mewn dod â Derek nôl i weithio gyda Mrs McGurk. O's diddordeb 'da ti?" 'Mond eiliad gymerodd hi cyn i fi ateb. Roedd y sicrwydd o waith cyson am dros naw mis yn rhywbeth na allen i ei wrthod.

Mae pennod a hanner yr wythnos yn swnio'n beth od, ond wrth gwrs, pennod a hanner ar gyfartaledd drwy gydol y gyfres oedd y cytundeb. Gwnaeth y cast i gyd gyfarfod y mis Medi hwnnw lawr yn ystafelloedd ymarfer Charles Street i glywed mwy am yr hyn oedd o'n blaene. Roedd cerdded i mewn i ystafell yn cynnwys Huw Ceredig, Rachel Thomas, Dic Hughes, Ernest Evans, Harriet Lewis, Islwyn Morris, Dillwyn

Owen, Charles Williams a Haydn Edwards fel cerdded i mewn i ryw 'Who's Who' hanes teledu Cymru.

Roedd Ieuan Rhys yno hefyd. Buodd rhyw 'hiatus' yn ein perthynas am gyfnod wedi i ni gwmpo mas wrth sgrifennu sgriptiau a rwy'n cyfadde taw 'mai i'n benna oedd e. Es lan ato i'w gyfarch ac fe roedd fel petaem heb ffraeo o gwbwl. Cawsom ailddechrau ar gyfeillgarwch agos sydd wedi parhau hyd y dydd heddiw. Roedd Ieu a fi wedi ysgrifennu sgript i *Rhagor O Wynt*, roedd HTV wedi dangos diddordeb ac wedi gofyn i ni ei hailysgrifennu. Rown i'n meddwl, yn ddigon teg rwy'n credu, os oedd diddordeb gan HTV y dylen ni gael ein talu am ei hailysgrifennu. Roedd Manon, gwraig Ieu yn ofni y bydde HTV yn cymryd yn ein herbyn pe baen ni'n gofyn i'r cynhyrchwyr wneud hynny. Mae cywilydd 'da fi gyfadde 'mod i wedi gadael i rwystredigaeth gael y gore arna i a 'mod i wedi dweud wrth Manon, "Sgrifenna dy *f*****g* sgripts dy hunan, te!" Yn naturiol, a dwi ddim yn gweld bai arno, achos bydden i wedi gwneud 'run peth petai Ieu wedi siarad fel 'na gyda Liz, fe gydiodd Ieu yno i a 'nhaflu mas ar y stryd yn ddiseremoni. Siaradon ni ddim â'n gilydd am yn agos at flwyddyn wedi hynny tan i ni gyfarfod yn Charles Street. A dweud y gwir rown i'n ofni na fyddwn i'n cael fawr o groeso ganddo fe ond gan ein bod ni'n gorfod cydweithio roedd rhaid ceisio cymodi a chwarae teg i Ieuan, roedd yn ddigon o ddyn i dderbyn yr ymddiheuriad. Rown i'n hynod o falch gan fod ei gyfeillgarwch ar hyd y blynyddoedd wedi bod, ac yn dal i fod yn bwysig i fi.

Cawson ni wbod gan Gwyn Hughes Jones a William Jones (Wil Sir Fôn) y bydde pob pennod o'r gyfres newydd yn cael ei recordio ar y diwrnod y bydde hi'n cael ei darlledu. Fe fydden ni'n recordio yn y stiwdio yn Llandaf o 9:00am tan 6:00pm ac fe fydde'n cael ei golygu yn ystod y dydd cyn cael ei darlledu am 6:40pm ar S4C. Bydde'r golygfeydd allanol yn cael eu recordio yn y bore a'u gosod ar y tâp yn raddol yn ystod y dydd.

Roedd y fformat yn caniatáu y bydde'r gwylwyr yn gweld

eu hoff gymeriade ar y sgrin yn darllen yn gwmws yr un papur dyddiol â nhw a hefyd ar yr un diwrnod â nhw. Un fantes fawr o'r fformat i'r actorion oedd y ffaith y gallen ni drefnu'n bywyd rownd i'r diwrnode ffilmio. Yn syml, os nad oeddech ym mhennod y dydd roedd 'da chi ddiwrnod rhydd a gan y bydde'r amserlen yn cael ei rhyddhau mewn da bryd doedd dim problem gwneud trefniade eraill.

Yr unig anfantais oedd ein bod yn gorfod ymarfer ar fore Sadwrn a thrwy'r dydd ar ddydd Sul pan fydden ni wedi'n cynnwys yn un o benode'r wythnos ganlynol. Wrth gwrs, gallen ni ymarfer ar y setie yn y stiwdio bellach, felly roedd rhaid ffarwelio â Charles Street. Yn y dyddie hynny bydde cantîn y BBC yn Llandaf yn darparu cinio dydd Sul a sawl gwaith fe wna'th Liz ymuno â fi er mwyn arbed coginio iddi hi ei hunan.

Arweiniodd y fformat yma hefyd at un o stynts *Y Brodyr Bach* a fi oedd y targed. *Y Brodyr Bach* ddaeth yn lle *Rargian Fawr* fel prif raglen camerâu cudd S4C. Ar y pryd, cynhyrchydd y rhaglen oedd William Gwyn Jones, neu 'Billy White' i'w ffrindie am y rheswm amlwg. Roedd Gwyn yn ffrind i fi yn ogystal â bod yn gynhyrchydd, cyfeillgarwch arall sydd wedi parhau ar hyd y blynyddoedd. Ond er ei fod yn ffrind agos a thriw dyma achlysur arall pc bai dryll 'da fi...

Roedd Eiry Thomas, Lydia Lloyd Parry a finne wedi recordio dwy olygfa yn fflat Cath Meic yn ystod y dydd a wedyn ces fy ngalw i swyddfa Gwyn. "Mae'n ddrwg 'da fi," medde Gwyn, "ond mae'r ddwy olygfa wnaethoch chi heddi wedi cael eu strwa yn y peiriant golygu. Yn anffodus bydd rhaid i chi eu perfformio'n fyw yn ystod darllediad y rhaglen heno. Do's dim amser gyda ni i'w hail recordio. Rydyn ni wedi setio linc i fyny i'n galluogi ni i wneud hynny."

Yr hunllef wedi'i gwireddu. Roedd y posibilrwydd o orfod darlledu golygfeydd yn fyw wedi codi'i ben sawl gwaith mewn sgyrsie ymysg y cast ar hyd y blynyddoedd. Doedd y newyddion ddim yn annisgwyl felly ond roedd yn yffach o sioc. Roedd y nerfe'n corddi wrth i'r cloc agosáu at 6:40pm ac Eiry, Lydia a fi'n aros ar set y fflat yn barod am y ciw oddi wrth y rheolwr llawr. Camerâu, sain yn barod. Roedd hyd yn oed Glenda Jones, pennaeth dramâu Cymraeg y BBC a chyn gynhyrchydd *Pobol y Cwm*, yno hefyd. Daeth y ciw, fe es ati i fwyta'r bwyd ar y set yn ôl y sgript ond roedd yn blasu'n ofnadwy; yn sur ac yn llosgi'r tafod. Bwrw mlaen oedd yr unig opsiwn. Yna fe ganodd y ffôn, fel yn y sgript ond yn y man anghywir. Gorfod cuddio hwnnw hefyd rhag y gwylwyr drwy 'ad libio'. Daeth diwedd yr olygfa a doedd 'da fi ddim amser i sôn am y camgymeriade gan fod yr ail olygfa'n dilyn yn syth ac yn cael ei darlledu i'r genedl. Daeth y ciw i ddechre'r ail olygfa yn fflat y Caffi. Fe wna'th Lydia ddefnyddio llinell Eiry, ac Eiry'n dweud llinell Lydia. Unwaith eto fe ganodd y ffôn. Doedd hi ddim i fod ganu o gwbwl yn yr olygfa hon ac yna fe dda'th f'artaith i ben. Sylwes fod Gwyn ar lawr y stiwdio gyda Glenda a bod pawb yn gwenu neu'n chwerthin. Wna'th dim byd glicio nes i Adrian a Paul Gregory sleifio rownd i gornel y set a dweud, "Hywel Emrys, ti wedi cael dy ddal gan *Y Brodyr Bach*!"

Da'th pethe'n glir wedyn: roedd hylif arbed plant rhag cnoi eu dannedd wedi cael ei roi yn y bwyd, roedd y ffôn yn fwriadol yn canu yn y llefydd anghywir, ac wrth gwrs, roedd Eiry a Lydia yn gwbod beth oedd yn digwydd. Chafodd mo'r stynt ei ddarlledu ar raglen *Y Brodyr Bach* serch hynny achos fe wnaethon nhw un camgymeriad mawr elfennol, sef ystyried na fydde actor proffesiynol byth yn colli ei dymer ac ynte'n credu ei fod 'yn fyw' ar y teledu. Nawr, pe baen nhw wedi gwneud hynny tra own i'n recordio y bore hwnnw, byddwn i *wedi* mynd yn benwan mwy na thebyg. Bydde sawl un o'n ffrindie yn tystio i hynny.

Pan ddechreuodd y darlledu dyddiol, roedd gen i stori eitha cyffrous a dweud y gwir. Roedd Derek, bryd hynny, yn ddihiryn go iawn ac wedi perswadio Barry John a Kirsty

McGurk i ddwyn cyffurie o Brynawelon, cartre yr hen bobol. Roedd hwn yn gyfle euraidd i weithio gyda Geraint Morgan a Cath Tregenna. Ces adolygiad da am fy mherfformiad yn *Y Cymro* ond yn bwysicach fyth ces sêl bendith Wil Sir Fôn pan stopiodd fi yn y coridor a dweud, "Rwyt ti'n cael hwyl arni. Dal ati." Rhoddodd canmoliaeth oddi wrth Wil hyder i fi a 'ngwneud yn eitha prowd ar yr un pryd. Un o hoelion wyth Cwmderi a hynny am flynyddoedd lawer oedd Wil ac rwy'n ddiolchgar iddo am air o gyngor nawr ac yn y man a wastad canmoliaeth, sy'n bwysig i actor. Cyd-ddigwyddiad arall oedd i fi ddarganfod yn angladd Wil flynyddoedd yn ddiweddarach bod ei ferch yn briod â mab y bobol oedd yn byw drws nesa i ni yn Balaclava Road.

Ces hefyd y pleser i gydweithio unwaith eto ar y sgrin gyda Iola Gregory. Fe ddes i adnabod cyfarwyddwyr amrywiol y gyfres, pob un â'i steil unigryw: Dave Evans, gŵr dim nonsens fyddai'n gweithio'n galed i gael pob golygfa ar dâp cyn gynted â phosib; Allan Cook a oedd yn cymhlethu pethe iddo fe'i hunan trwy fethu deall pob peth oedd yn y sgript ar adege. Newyddion gwych i fi ar ddiwedd fy nghytundeb cynta oedd cael cynnig cytundeb newydd sbon o ddwy bennod yr wythnos. Roedd Gwyn Hughes Jones a Wil Sir Fôn yn hapus gyda'r cymeriad ac mae'n rhaid â'r ffordd y câi ei bortreadu.

Yn fuan iawn symudodd Derek i weithio fel 'handyman' yn Angorfa, cartre yr hen bobol dan ofal Ken a Linda Coslett. Gweithio wedyn gyda Phyl Harries, Delyth Wyn, Rachel Thomas, Dic Hughes a Dillwyn Owen. Yn ystod y cyfnod hwn cafodd Derek rai o'i straeon mwya diddorol. Cafodd lety yn Angorfa drwy garedigrwydd Ken Coslett a'i wraig a chysgu yn y garej. Roedd ganddo do uwch ei ben a gwresogydd olew i'w gadw'n gynnes. Un noson fe adawodd Derek ei ddillad yn rhy agos at y gwresogydd ac aeth y garej ar dân. Gwelodd Denzil Rees y fflamau a fe, yr hen Denzil, wnaeth achub Derek rhag y tân. Da'th Gwyn Elfyn (Denzil) a finne'n dipyn o ffrindie yn y cyfnod hwn ac mae'r berthynas yn parhau i fod yr un mor agos. Ar ôl gweithio a theithio gyda'n gilydd mor aml, ni fyddwn yn gweld ein gilydd bellach ond yn ysbeidiol gan ei fod e'n byw yn y gorllewin a finne'n dal i fyw yng Nghaerdydd.

Roedd Phyl Harries yn gyfrifol am rywbeth arall sydd ynghlwm wrth hanes y rhaglen; tîm pêl-droed *Pobol y Cwm*. Rhyw ddiwrnod fe soniodd Phyl y bydde'n fe'n beth da i 'fois y cast' chware pêl-droed yn ein hamser hamdden. Felly dechreuon ni ddod at ein gilydd bob nos Iau ar gwrt Pump Bob Ochr, Parc Mynydd Bychan a chyn bo hir awgrymodd Phyl y bydde fe'n beth da cael tîm llawn i chware gême cyfeillgar. Buodd 'na achlysuron cyn i Phyl a finne ymuno â'r cast pan fydde actorion Cwmderi yn chware pêl-droed i godi arian at achosion da. Roedd Ieu a Gwyn Elfyn yn rhan o'r achlysuron hynny. Ta waeth, aeth Phyl a finne ati i gynllunio a phrynu cit melyn a gwyrdd oddi wrth ryw gwmni yn Ystrad Mynach a gyda sêl bendith Gwyn Hughes Jones, cafodd Clwb Pêl-droed Cwmderi ei ffurfio'n swyddogol. Gwisgo crys rhif 10 fydde Phyl, a gyda'i wallt cyrliog du a'r ffaith ei fod yn gymharol fyr, bydde fe'n atgoffa pawb o Diego Maradona, o ran edrychiad os ca i ddweud, nid o ran safon ei chware... sori, Phyl. Ond wedi dweud hynny roedd ganddo ddawn eitha da fel 'jobbing footballer'.

Y gêm gynta chwaraeodd Clwb Cwmderi ar ei newydd wedd oedd yn erbyn tîm o fois o Theatr y Sherman yng Nghaerdydd. Cynhaliwyd y gêm ar faes Astroturf Canolfan Chwaraeon Cymru. Yn y gêm honno y ces sioc wrth sylweddoli bod Huw Ceredig yn dipyn o chwaraewr o ystyried ei seis a'i oedran; dylanwad y cyfnod pan fuodd y teulu'n byw yn y Bala, sdim dowt. Aeth y gêm yn dda a buan y sylweddolon ni y gallen ni deithio yn yr haf pan na fydde *Pobol y Cwm* yn cael ei ddarlledu er mwyn helpu cymunede dros Gymru i godi arian at wahanol elusenne. Aethon ni at y BBC a gofyn a fydde hi'n bosib cael arian i gynllunio rhaglen arbennig i'w gwerthu yn y gemâu hyn.

'Na,' oedd yr ateb, felly fe es ati i gysylltu â gwahanol gwmnïe annibynnol teledu Cymru a holi a fydde diddordeb ganddyn nhw i brynu hysbyseb yn y rhaglen pe baen ni'n llwyddo i greu rhaglen arbennig. Roedd gan Liz gysylltiade hefyd trwy ei swydd fel rheolwr nawdd Neuadd Dewi Sant. Cytunodd nifer o gwmnïe i wneud ac fe gytunodd S4C brynu'r dudalen gefen. Roedd 'da fi ffrindie yn swyddfa'r wasg yn Llandaf a phan ddaeth y BBC i wybod am hyn fe fynnon nhw gael y dudalen gefen wedi'r cwbwl.

Es ati, gyda help Ieuan a Gwyn Elfyn i lunio rhaglen yn cynnwys cwis *Pobol y Cwm*, llunie o aelode'r cast yn blant bach/babanod, rhyw 'pen pictures' doniol o aelode'r tîm ac yn y blaen. Gwnaeth T James Jones hyd yn oed lunio englyn arbennig i ni. Cyhoeddwyd y rhaglen ac roedd digon o arian 'da ni ar ôl i dalu ychydig o goste'r bws fel y bydde hi'n haws i ardaloedd yn y Gogledd a ddymunai gael gêm yn ein herbyn ein gwahodd. Fe wnaeth Glan Davies ddechre cynhyrchu nwydde i'w gwerthu yn y gême; mwclis, clustdlyse, pinne teis, bathodynne, sticeri, pensilie – a dweud y gwir, yn fy marn i, gwnaeth Clwb Pêl-droed Cwmderi well job ar hysbysebu'r opera sebon nag a wnâi adran gyhoeddusrwydd swyddogol y BBC ar y pryd. Daeth y cyhoedd yn eu cannoedd i weld y gême ac mae sawl un ohonyn nhw'n aros yn y cof. Ond y gêm fwya, heb os, oedd y gêm a eiff lawr yn hanes byd teledu a byd eisteddfodol Cymru am byth, sef yr ornest fawr yn Nyffryn Nantlle rhwng Bryncoch United a Chlwb Pêl-droed Cwmderi. Ie, bois *Pobol y Cwm* yn herio bois *C'mon Midffîld* ar eu tomen eu hunen. Mae uchafbwyntiau'r gêm i'w gweld ar un o DVDs *C'Mon Midffîld* os oes gennych ddiddordeb.

Roedd y 90au cynnar yn flynyddoedd lle bu newid mawr yn fy mywyd personol hefyd. Soniais eisoes y byddwn yn mynd yn ôl bob yn ail benwythnos i Bwll Trap i ofalu am Mam. Cafodd ddeng mlynedd ychwanegol, diolch i'r llawdriniaeth a gawsai ar ei chalon ond tua diwedd y deng mlynedd hyn fe fethodd

119

y falf newydd yn ei chalon a dychwelodd y blinder llethol a'r chwyddiant. Dioddefodd gyfnod pellach yn ysbyty Glangwili a'r UHW yng Nghaerdydd ym mis Ebrill 1990, cyn ei symud i Lundain fis Mai lle cafodd driniaeth lawfeddygol yn ysbyty St. Bartholomew's. Rwy'n cofio mynd i'w gweld y diwrnod cyn yr op pan ddywedodd wrtha i ei bod yn mynd i weld Dad. Dywedais inne wrthi am beidio â bod yn sili ac y byddwn yn dod i'w gweld pan fyddai'n teimlo'n well ar ôl y llawdriniaeth.

Ddaeth Mam ddim trwyddi. Ddihunodd hi ddim ar ôl y driniaeth, yn hytrach syrthiodd i goma trwm. Gofynnwyd i Rob a finne a fydden ni'n fodlon i'r meddygon droi'r peiriannau oedd yn ei chadw'n fyw bant. Bu farw Mam ar 11eg Mai 1990. Mae'n gysur mawr i fi wybod bod Mam wedi'n gadael yn ddi-boen a 'mod i wedi profi cryfder ei ffydd yn ystod y dyddiau olaf. Nid 'credu' oedd hi ei bod yn mynd i weld Dad – roedd hi'n 'gwybod'. Does dim cryfach ffydd na hynny.

Peth arall sy'n aros yn y cof am ymadawiad Mam yw i mi orfod mynd i Swyddfa Gofrestru Canol Llundain i gofrestru'r farwolaeth. Daeth Liz gyda fi i fod yn gefn mewn cyfnod anodd. Menyw fawr o Jamaica oedd y cofrestrydd a chawsom drafferthion mawr i'w chael i ysgrifennu Llandybïe, Caer Bryn a Phwll Trap yn y cofnodion.

Roedd hi'n llawer haws cofnodi genedigaeth fy mhlant yng Nghaerdydd. Bodolaeth Derek yng Nghwmderi a'n galluogodd i drio am blentyn. Wedi pedair blynedd o geisio, fe aned Ffion Erin i Liz a finne ar y 22ain Mawrth 1994. Roedd yn enedigaeth anodd a ffrwydrodd pibell waed yn un o lygaid Liz, ond trwy lwc chafodd ei golwg mo'i niweidio ac fe wellodd ymhen amser. Roedden ni ar ben ein digon ac er i Ffion fod yn fabi crintachlyd iawn, roedd yn fendith i'w chael ar ôl cyfnod hir o geisio. Yn wir roedd angen brêc arna i a Liz ar ôl magu Ffion ac fe drefnon ni fynd am wyliau yn Paxos ym mis Medi 1995 a gadael Ffion gyda Ken a Molly am bythefnos. O ganlyniad, ganed Gruffudd Samuel Rhys ar 24 Mai 1996!

Rhaid cyfaddef fod Sam yn fabi llawer haws i'w fagu na Ffion ac mae'r ddau blentyn yn dal yn dra gwahanol o ran cymeriad hyd heddiw. Ffaith sy'n amlwg yn y llun a gymerwyd o'r ddau adeg y Nadolig 1996 gyda Ffion yn eithaf difrifol yr olwg a Sam yn gwenu'n braf. Rwy'n eu caru'n fwy na dim ac yn hapus fy meddwl o wybod cymaint roedd Liz yn eu caru hefyd. Bydde hi mor browd o'r ffordd mae'r ddau wedi delio â'i cholli.

Tra oedd Sam yn fabi bach, digwyddodd rhywbeth sy'n gwneud i fi werthfawrogi pob eiliad y bydda i ar yr hen ddaear yma. Pen-blwydd Liz oedd hi ar 19 Gorffennaf, 1996. Rown i'n sefyll fy mhrawf gyrru moto beic gan fod Cliff Jones, cynhyrchydd *Pobol y Cwm* ar y pryd, wedi fy mherswadio i ddysgu reidio moto beic yn iawn. Y rheswm am hyn oedd ei fod am saethu golygfa yn yr opera sebon pan fydde Derek yn rhoi lifft i Fiona ar gefn ei feic. Yn y prawf gyrru, wrth droi cornel yn Llandaf fe welais lori'n dod yn syth amdana i. Gwnes benderfyniad sydyn i'w hosgoi ond clipiodd handle bar y beic gefn y lori gan chwalu fy mhenelin. Bûm yn yr ysbyty am dros wythnos ac roedd yn rhaid wynebu cyfnod o dros ddeufis o ffisiotherapi. Methwn fagu Sam a bu'n rhaid i Liz edrych ar fy ôl i, yn ogystal â'r plant. Ie, tri phlentyn i bob pwrpas! Eironi'r holl beth? Ffilmio damwain ar y moto beic roedd Cliff eisiau i fi wneud. A phwy gafodd niwed yn y stori? Ie, Derek wrth gwrs. Ffuglen a bywyd go iawn yn adlewyrchu ei gilydd. Rhyfedd o fyd.

Yn yr achos llys yn dilyn y ddamwain, ces wybod yn gwmws pa mor lwcus y bues i'r diwrnod hwnnw. Gofynnwyd i'r arholwr oedd yn fy nilyn ar y prawf beth fydde wedi digwydd pe bawn i wedi perfformio yr hyn a elwir yn 'emergency stop'. Ei ateb? "Without a doubt, Mr Emrys would have been killed instantly." Ydw, rwy'n ddyn lwcus.

PENNOD 17

Tynna dy fys mas, Grav!

MAE SAWL UN wedi dweud bod y llinell rhwng cymeriad mewn opera sebon a'r actor sy'n ei bortreadu yn pylu ambell waith. Yn sicr mae yna debygrwydd rhwng Derek a finne. Un o'r prif rai yw'n hoffter o gryse rygbi. Fel mae pawb sy'n f'adnabod yn dda yn gwbod mae casglu cryse rygbi wedi bod, ac yn dal i fod, yn obsesiwn 'da fi.

Bydde Derek yn gwisgo sawl crys rygbi ar y sgrîn. Wedi i fi wisgo crys Clwb Rygbi y Tymbl a ges i'n anrheg gan Gwyn Elfyn, fe ges sawl crys gan glybie wedyn ar fy nheithie drwy Gymru a 'da'r clybie pêl-droed hefyd. Y disgwyl oedd y byddwn yn gwisgo'r crys ar y teledu rywbryd. Derbynies gryse gan glybie Pontyberem, Aberteifi, Clwb Y Cwins a chlwb yr Athletig Caerfyrddin i enwi 'mond rhai ohonyn nhw. Roedd Derek ar un adeg yn gwisgo cymaint o gryse rygbi gwahanol fel bydde Glan Davies yn rhoi tudalen catalog cryse rygbi ar hysbysfwrdd y cast gyda'r geiriau: "P'un o'r rhain mae Derek heb wisgo ar y sgrin?" Diolch Glan. Dyma 'nghyfle i'th atgoffa di mai ti roddodd grys Clwb Rygbi Aberystwyth i fi wisgo. Ond y crys mwya gwerthfawr sydd 'da fi yw crys Llanelli a ges gan Ray Gravell. Does dim eisie i fi fynd i fanylion am Grav; gŵr hoffus, annwyl oddi ar y cae er fasen i ddim wedi dymuno'i wynebu ar y cae.

Y tro cynta i fi ddod mewn cysylltiad â Grav oedd pan es i,

Nev, Tom a Gareth lan i weld y Scarlets yn chware Ebbw Vale yng Nglyn Ebwy ar nos Fercher oer ym mis Hydref. Doedd Grav ddim yn cael gêm arbennig o dda ac fe waeddes o'r ystlys, "Tyn dy fys mas, Grav, 'chan!" Ces ateb ar ei ben 'da fe, "Os ti'n meddwl alli di neud yn f****** well, dere mlân ar y ca'."

Ychydig flynyddoedd wedyn wrth weithio gyda Grav ar *Teulu-Ffôn* yn HTV fe atgoffes e o'r gêm. Er mawr syndod i fi, roedd e'n cofio'n iawn. Roedd cof fel eliffant gan Grav. "Ti o'dd hwnna, yfe?" Gafaelodd yn dynn yn fy mhen gyda'i fraich a rhwbio 'ngwallt 'da cymal ei fys. Dyna ddechre cyfeillgarwch arbennig rhyngon ni. Buan wedi hynny pan own i'n gweithio i HTV daeth galwad ffôn o'r dderbynfa i ddweud bod Grav wedi gadael rhywbeth i fi yno. Mewn bag plastig siopa wedi'i blygu yn deidi, crys rygbi y Scarlets. Dim un fydde Grav wedi'i wisgo, rhif 7 oedd ar y cefen, ond trysor i fi ac mae'n dal 'da fi. Dyma beth rown i'n ei wisgo pan gafodd Ffion fy merch ei geni.

Pan aned ein merch, Ffion, fe gawson ni lwyth o ddillad yn anrhegion, felly roedd lot ar ôl heb eu defnyddio a Ffion bellach wedi tyfu. Pan aned Manon, merch Ray a Mari, fe weles Grav yn y BBC a chynnig y dillad iddo gan y bydde fe a Mari'n galler cael defnydd ohonyn nhw. "Dala i ti," medde fe. "Dim o gwbwl, Ray. Roiest ti grys rygbi i fi." Ychydig ddiwrnode'n ddiweddarach daeth cerdyn diolch drwy'r post a siec yn yr amlen am y dillad. Beth amser ar ôl hynny, roedd Cymru'n chwarae Ffrainc ym Mharis. Rown i mas gyda Dois y Cwm a digwyddon ni daro ar draws Grav tu fas i un o gaffis y ddinas hyfryd honno. Roedd Grav yng nghwmni Ieuan Evans, Richard Moriarty a Robert Jones. Galwodd Grav fi draw atyn nhw, rhoddodd fraich anferth rownd fy ysgwydd a chyhoeddi "If you cut this man in half he'd bleed Llanelli; a Scarlet through and through!" Rwy'n siŵr bod Rob Jones a Moriarty wrth eu bodde'n clywed 'na, fel chwaraewyr Abertawe. Aeth Grav yn ei flaen, "and more important than that – this man clothed my daughter!" Fel y dywedodd Hywel Teifi Edwards yn angladd

Grav ar Barc Y Strade, roedd Ray Gravell yn 'Social Lubricant'. Geirie perffaith i ddisgrifio dyn oedd yn galler uno'r Cymry Cymraeg a'r Cymry di-Gymraeg yn well na neb arall. Diolch am gael bod yn un o'r rhai hynny oedd yn ddigon breintiedig i'w alw'n ffrind.

Yn ystod cyfnod *Teulu-Ffôn* ces y cyfle i weithio unwaith eto gyda Gareth Lewis. Sgets oedd hi am 'Côr y Cewri.' Roedd yn rhaid i'r gynulleidfa ddyfalu am beth roedden ni'n sôn. Finne'n actio gweithiwr a Gareth y fforman. Y cyfan yn fyw wrth gwrs, ac roedd fy nerfe i'n rhacs. Gareth wna'th fy helpu fi'r noson honno i reoli tamed bach ar y nerfe ac aeth pethe'n dda wedyn. Prin own i'n dychmygu'r noson honno cymaint o ddylanwad fydde 'da Gareth arna i yn y dyfodol.

Roedd cyfnod Derek yn rhannu fflat Caffi Meic yng Nghwmderi yn un o'r cyfnode hapusa yn fy mywyd. Mawr fy nyled i Gareth am fy helpu i fireinio fy nghrefft fel actor. Ar ben hynny buon ni'n lwcus i gael gweithio gydag awduron a golygyddion sgript profiadol a oedd yn galler gweld y posibiliade doniol ym mherthynas y ddau ffrind. Yn wir teimlwn fod rhyw elfen o *Fo a Fe* ym mherthynas Meic a Derek, cwmpo mas fel ci a chath drwy'r amser ond, er gwaetha popeth, yn ffrindie i'r carn.

Unwaith roedd golygfa a Derek ar ben ysgol yn newid bylb gole a Meic yn cwyno ei fod yn teimlo'n dost a Derek yn dweud wrtho am fagu asgwrn cefen a chario mlaen â'i waith. Yn yr olygfa honno rown i'n dost go iawn; gastroenteritis a thymheredd uchel. Roedd y stiwdio'n troi a dim ond jest llwyddo aros ar ben yr ysgol wnes i heb gwympo. Wrth edrych yn ôl mae eironi'r sefyllfa'n glir.

Dro arall, yn ystod ymarferion y bore, roedd Gareth a finne'n sefyll yn ein llefydd ar set y caffi'n disgwyl am y ciw gan y cyfarwyddwr i ddechre'r olygfa. Bant â ni, a'r ddau ohonon ni'n cael hwyl arni. O gornel fy llygaid fe sylwes fod y golygydd sgript a'r PA yn fflicio nôl a mla'n drwy'r tudalenne â golwg ddryslyd ar eu hwynebe. Daeth Gareth a finne i ddiwedd yr 'olygfa' a'r ddau ohonon ni'n hapus tu hwnt â'n perfformiade tan i'r golygydd ddweud wrthon ni ein bod wedi llwyddo cyfuno dwy olygfa wahanol. Roedd y cyfarwyddwr wedi'i synnu pa mor dda oedd y perfformiad a heb sylwi. Wrth gwrs roedd yn rhaid ail ymarfer yr olygfa er mwyn sicrhau bod yr amseru'n gywir. Y tro hwn roedd yr olygfa fel y dylse hi wedi bod yn y lle cynta. Bai Gareth weden i!

Gadwch i fi esbonio. Yn ystod un o'r golygfeydd cynta a wnes i gyda Gareth, fe ddywedodd air ar ddiwedd brawddeg nad oedd yn y sgript. Fe stopes i'n naturiol a phan oedden ni ar ein pen ein hunen mas o glyw pawb arall fe ofynnodd Gareth i fi a oedd y frawddeg gyda'i 'air gwahanol' yn gwneud synnwyr. "Oedd," medde fi. "Allet ti fod wedi cario mlaen?" "Gallen." Awgrym Gareth oedd y dylwn wrando ar eirie'r actor arall yn ogystal â chofio'n llinelle i. Mae hon yn enghraifft o brofiad llwyfan Gareth yn cael ei drosglwyddo i stiwdio deledu. Daeth hon yn wers a sicrhaodd fod sawl golygfa yn *Pobol y Cwm* wedi mynd yn hwylus heb orfod stopio oherwydd un camgymeriad bach dibwys yn y ddeialog. Mae llinell dene rhwng ffuglen a bywyd go iawn wrth ystyried fy mhortread o Derek. Yn sicr mae cyfeillgarwch Gareth a finne'n adlewyrchu'n berffaith berthynas Meic a Derek, ffrindie tra byddwn ni – heb y cwmpo mas wrth gwrs.

Ie, Gareth helpodd fi adeiladu fy hunan hyder yn y stiwdio yn *Pobol y Cwm*. Trueni mawr nad own i mor llwyddiannus gyda phartner arall yn y gyfres. Un o'r to ifanc ddaeth i'r Cwm oedd Huw Euron. Bu cymeriad Huw, sef Darren, yn gweithio am flynyddoedd gyda Derek yn y garej. Crwtyn annwyl iawn yw Huw, sydd bellach yn un o aelode parhaol Only Men Aloud. Mae ganddo'r llais bas mwya anhygoel ac enillodd y rhuban glas yn yr Eisteddfod Genedlaethol. Wedi profi llwyddiant ysgubol ar lwyfan byddech chi'n meddwl bydde ganddo hunanhyder arbennig yn y stiwdio. Doedd y tri pheth, hunanhyder, stiwdio a Huw Euron ddim yn mynd yn gyfforddus gyda'i gilydd. Dwi wedi colli cownt o'r golygfeydd recordies i gyda Huw a fe wedyn yn holi ar ddiwedd y recordio, "O'dd hwnna'n olreit?" Neu "Ro'dd hwnna'n 'Pants', on'd oedd e?" Doedd dim gallen i ddweud wrtho i'w argyhoeddi fod ei berfformiad yn iawn a doedd dim gallai'r rheolwr llawr, na'r cyfarwyddwr ddweud chwaith. Er mwyn cadw Huw'n hapus fe ail recordion ni sawl golygfa. Fel arfer y fersiwn gynta gâi ei defnyddio. Mae Huw wedi mynd ymlaen i weithio ar sawl drama arall ar S4C ac mae nifer o'n ffrindie sy'n gweithio gyda fe'n dweud bod Huw yn dal 'run fath. Os wyt ti'n darllen hwn Huw – rwyt ti'n gwneud yn ocê, boi. Mae Huw a finne wedi aros yn ffrindie da hefyd ond ers iddo briodi Meinir a genedigaeth Osian dwi ddim yn ei weld e mor amal ag y byddwn.

Rhywun arall bues i'n gweithio'n agos gyda hi am gyfnod hir oedd Rhian Jones. Roedd ei phortread o Karen yn arbennig ac fe gawson ni sawl stori ddiddorol yn ystod ein hamser yn y garej. Mae Derek a Karen yn dal yn boblogaidd gyda'r cyhoedd yn ôl y sylwade rwy i'n dal i'w derbyn gan y gwylwyr. Rwy'n meddwl y byd o Rhian ac yn gwerthfawrogi ei chyfeillgarwch yn fwy nag y mae'n sylweddoli, rwy'n credu. Dydw i ddim yn gweld digon ohoni hi chwaith gan fod amgylchiade wedi'n cadw ni ar wahân. Yn rhyfedd iawn, yn ystod salwch erchyll Liz, fe chwaraeodd Rhian ran menyw oedd yn marw o gancr yn nrama deledu Meic Povey, *Reit tu ôl i ti*. Roedd perfformiad Rhian yn glodwiw a doedd e ddim yn syndod i fi gan fy mod yn meddwl ei bod yn actores benigamp. Sut na chafodd Rhian wobr BAFTA Cymru am y portread hwnnw yw'r un o'r cwestiyne rwy'n dal i'w ofyn. Ymddiheuriade am ybsetio rhywun arall, ond Rhian, ti oedd yn haeddu'r wobr.

Mae dwy stori yn aros yn glir yn y cof am weithio gyda Rhian. Yn *Pobol y Cwm* roedd Karen wedi dyweddïo â Gavin a Derek oedd y dyn wna'th ddod rhyngddyn nhw. Sylweddolodd Derek a Karen eu bod yn caru ei gilydd ar noson dathlu dyweddïad

Gavin a Karen yn y Deri. Aeth Derek mas yn anhapus a
sylweddolodd Karen ei fod wedi mynd. Dilynodd Karen fe i'r
maes parcio ac er i Derek geisio'n galed i beidio fe orffennodd
y bennod gyda Derek a Karen yn cusanu. Diweddglo'r bennod
a daeth y dyweddïad i ben. Fe aeth Gavin ati wedyn i dalu'r
pwyth yn ôl i Derek. Câi Gavin ei bortreadu gan Meilyr Siôn
a Rhys Dyrfal yn cyfarwyddo. Gan fod yr olygfa yn un allanol
roedd y trefnydd ymladd yn ein cyfarfod ar leoliad. Fuodd
dim ymarfer cynt a gwrandawon ni'n astud ar y trefnydd
cyn yr ymladdfa ac ymarfer cwpwl o weithie'n araf er mwyn
sicrhau bod y symudiade'n iawn. Yna fe wnaeth Meilyr a finne
ymarfer cwpwl o weithie ar y cyflymdra cywir. Pan ddaeth yn
bryd ffilmio'r olygfa felly roedden ni'n dau yn hapus y bydde
popeth yn iawn. Yn anffodus, ac rwy'n derbyn mai fi oedd ar
fai, fe symudes ychydig yn rhy agos at Meilyr ac fe wna'th ei
ddwrn fy nharo ar fy ngên, nid yn galed rhaid dweud, ond
roedd y sioc yn ddigon i'm cwympo fel sach o dato yn erbyn
drws y garej oedd yn digwydd bod yn gefndir i'r siot. Dyna'r
siot gafodd ei defnyddio achos fe wna'th sŵn y dwrn a'r ên
greu y sain perffaith. Diolch Meilyr.

Prif stori Derek a Karen, wrth gwrs, oedd marwolaeth
Gina. Roedd Cassie wedi gadael ei char yn y garej er mwyn
riparo'r brêcs. Roedd Derek yn credu bod Karen wedi gwneud
y gwaith a hithe'n credu bod Derek wedi'i wneud. Wrth
gwrs, fe arweiniodd hyn at farwolaeth Gina wrth i Cassie
yrru i mewn iddi wedi i'r brêcs fethu. Yn ystod y stori yma
roedd y BBC am geisio recordio *Pobol y Cwm* yn Saesneg fel
arbrawf. Dewiswyd pennod oedd yn cynnwys ffrae emosiynol
rhwng Derek a Karen yn y garej, y naill yn beio'r llall am y
ddamwain. Hyn oedd dechre'r chwalfa ym mherthynas y
ddau ffrind. Roedd Rhian a finne'n awyddus iawn i sicrhau
y bydde popeth yn berffaith ar gyfer yr olygfa yn y fersiwn
Saesneg a'r fersiwn Gymraeg. Roedden ni'n gyfarwydd gyda
ffilmio 'back to back' ta beth, system sy'n cael ei defnyddio

nawr yn *Y Gwyll/Hinterland*. Es i dŷ Rhian yng Nghaerdydd a dros sawl paned o goffi, fe wnaethon ni ymarfer y golygfeydd tan ein bod yn eu gwbod nhw'n berffaith. Robin Rollinson oedd yn cyfarwyddo a chawson ni ganmoliaeth uchel am ein gwaith y diwrnod hwnnw. Oherwydd yr emosiwn rown i wedi blino'n lân y noson honno. Roedd Rhian a fi'n hoff o dynnu coesau'n gilydd a dwedes wrthi, gan ei bod hi'n un o ddwy chwaer a finne'n un o ddau frawd, y cele hi'r fraint o fod yn chwaer anrhydeddus i fi a finne'n frawd anrhydeddus iddi hi. Ar ben y cyfan cafodd Mabli, merch Rhian, ei geni tua'r un cyfnod ag y ganed Ffion fy merch i, a chafodd Celt, ei mab ei eni yn yr un cyfnod â Sam ni.

Ychydig fisoedd cyn hyn priododd Karen a Derek. Dyma esiampl o'r hyn sy'n galler digwydd pan mae golygfeydd yn cael eu recordio mas o drefn. Ffilmiwyd brecwast priodas Karen a Derek yn gynta mewn gwesty moethus ar fynydd Caerffili. Ffilmiwyd y briodas ei hun ar ôl hynny mewn capel yn Efail Isaf. Rhwng y ddwy olygfa rown i, gyda nifer eraill o aelode'r cast, yn westai yng Ngharnifal Aberaeron. Rown i gyda merched y grŵp pop Eden sef Rachel, Non ac Emma, ar gefn Land Rover agored a phawb yn taflu dŵr droson ni. Ystyriwch fod y merched yn gwisgo cryse T gwyn a chi'n gwybod beth sy'n digwydd pan fo dillad gwyn yn gwlychu. Ta beth, roedd hi'n ddiwrnod crasboeth o haf ac fe losges yn ofnadwy; rown i'n edrych fel cimwch wedi'i ferwi. Wrth gwrs, y dydd Llun canlynol roedden ni'n ffilmio'r briodas, Derek yn goch fel cimwch yn y briodas a gwyn fel y galchen yn y brecwast. Conundrum go iawn. Diolch i'r drefen am broffesiynoldeb tîm coluro'r BBC. Nid dyna'r unig dro iddyn nhw fy achub i. Buodd taith y 'sgwash-bol' ym Mharis wedi hyn yn sialens arbennig iddyn nhw hefyd.

J'adore Paris.
Je déteste les balles
de squash

Twrnament rygbi'r Pum Gwlad 1999, chweched o Fawrth. Y cloc ar Dŵr Eiffel yn tician yr eiliade cyn diwedd y Mileniwm. William Gwyn, Prys Dafydd, Robin Huws, Gloria Thomas, Hywel ac Aled James ym Mharis a Chymru wedi ennill yn Ninas y Cariadon am y tro cynta ers 1975. Gêm hynod o gyffrous ac agos, y sgôr terfynol yn 33-34. Mae'r gêm yn ddiddorol hefyd am mai hon oedd y gêm gyntaf yn y Stade de France, stadiwm odidog a adeiladwyd gan gymdeithas bêl-droed Ffrainc ar gyfer Ffeinal Cystadleuaeth Cwpan y Byd 1998.

Rown i wedi cynhyrfu ac yn barod i ddathlu'r fuddugoliaeth drwy suddo ambell beint o gwrw ac ambell wydred o bastis. Yn anffodus, roedd Gloria wedi bod yn astudio'r *Rough Guide to Paris* ac wedi dod o hyd i ryw fistro bach tua 16 gorsaf i lawr y llinell Metro o ardal y Gare Du Nord a'r Pigalle. Felly dyna ble'r aethon ni. Pwdu wnes i. Rwy'n cofio i Gloria archebu trwyn mochyn wedi'i rostio a'i anfon yn ôl at y cogydd gan nad oedd y trwyn, yn ei thyb hi, wedi'i goginio'n ddigon trylwyr. Fe ges i blated o 'pomme frites' a sawl gwydred o pastis. Digon yw dweud, erbyn i ni gyrraedd y Maison Blanc yn y Gare Du Nord yn hwyrach y noson honno, taw Mc Nabs oedd y mwya meddw.

Yn y gornel roedd yna griw o blismyn o Gastell Nedd ac roedd gweld Derek *Pobol y Cwm* yn simsan yn fêl ar eu bysedd.

"Come 'ere, Derek, butty. You up for a challenge?"

"Depends what it is," medde fi.

"See this squash ball? If you can keep it on your forehead for five minutes, we'll buy you a beer!"

Wel, gan fod cwrw ym Mharis yn ddrud iawn a'r ffaith bo fi'n berson sy'n mwynhau cael fy herio, ar fy nhalcen y gwasgwyd hanner pêl sgwash oedd wedi bod mewn bwced o giwbiau iâ. Roedd yn rhaid bod y bêl wedi'i thorri yn ei hanner er mwyn creu'r sugnedd i gadw'r bêl yn ei lle. Aeth pum munud heibio, a chware teg i'r glas o Gastell-nedd fe ges i fy ngwydred o Kronenburg 1664. "Keep it on for another five minutes and we'll get you a pastis!" Pum munud yn ddiweddarach ces wydred o'r diod blas anisid. Erbyn hyn roedd fy nhalcen yn boenus, effaith y ciwbiau iâ mwy na thebyg oedd fy rhesymeg i. "Go for the record, Derek. Nobody's ever done 15 minutes. We'll buy you another two pints!" Ar ôl chwarter awr roedd fy waled mewn cyflwr eitha teidi, heb orfod talu am ddiod o gwbwl, ond roedd fy nhalcen yn gwingo. Tynnwyd y bêl oddi ar fy nhalcen ac fe fostiodd pawb mas i chwerthin. Doedd 'da fi, ar y pryd, ddim syniad pam, ond cawson ni noson i'w chofio.

Wrth frwsio fy nannedd fore trannoeth sylwes fod marc ar siâp cylch a hwnnw'n hollol ddu ar fy nhalcen. Ceisies ei olchi i ffwrdd, cyn sylweddoli mai effeth fy sialens 'da'r bêl sgwash oedd y marc. Wrth gwrs, roedd y sugnedd wedi gweithio fel 'love bite' a gadael marc parhaol. Wynebes William Gwyn a gofyn iddo pam na stopiodd e fi rhag gwneud shwd ffŵl o'n hunan. Dwedodd ynte ei fod wedi ceisio gwneud ac mae'n taeru hyd heddi ei fod wedi trio f'achub i. Dwi ddim mor siŵr gan fod yna sawl achos arall ble mae Hywel Emrys wedi bod yn adloniant i bawb ar dripie rygbi. Y broblem oedd yn fy wynebu oedd recordio golygfeydd yr wythnos ganlynol â'r marc yma ar fy nhalcen. Glenda Jones oedd y cynhyrchydd ond ddwedes i ddim gair wrthi. Gwnath adran goluro'r BBC unwaith eto gyflawni gwyrthie yn cuddio'r marc crwn. Roedd y ffaith bod 'da fi fwng o wallt yn help hefyd gan i'r marc ar fy nhalcen aros yno am yn agos at dair wythnos. Rwy'n siŵr y gallen i fod wedi siwio Heddlu De Cymru am GBH!

Twrnament y chwe gwlad 2008, 8fed o Fawrth a Chymru'n chwarae am y tro cyntaf yn Croke Park Dulyn. Rown i yno gyda William Gwyn, Prys Dafydd, Gwyn Elfyn a'i feibion Rhodri a Rhys. Yn rhyfedd iawn roedd y parti wedi cyrraedd Dulyn mewn gwahanol ffyrdd. Prys a finne wedi hedfan o Luton o bobman... Doedd dim pêl sgwash y tro ma ond peli snwcer anweledig. Ro'n i ar dân eisie mynd i weld y gêm yn Croke Park. Roedd y gêm yn bwysig i fi, wrth gwrs, ond roedd y lleoliad yn bwysicach fyth fel cenedlaetholwr pybyr. Maes chwarae ac iddo le pwysig yn hanes Gweriniaeth Iwerddon yw Croke Park oherwydd yn ystod rhyfel annibyniaeth Iwerddon yn 1920, ar yr 21ain o Dachwedd, fe saethodd Heddlu Brenhinol Iwerddon a'r fyddin Brydeinig 14 o bobl yn farw yn Croke Park yn ystod gêm bêl-droed Gwyddelig rhwng Dulyn a Tipperary. Lladdwyd 13 o wylwyr ac un chwaraewr Tipperary, Michael Hogan. Adeiladwyd eisteddle yn Croke Park er cof am Michael Hogan yn 1924. Rhoddodd Nigel Owens li mewn cysylltiad ag un o'i ffrindie yn Nulyn, dyfarnwr o'r enw David Keane, ac fe lwyddodd David i gael tocynne i Prys a finne yn Eisteddle Hogan, reit y tu ôl i seddi carfanne'r ddau dîm. Mawr fy nyled i Nigel a David am eu caredigrwydd. Gwireddes fy nymuniad a'm breuddwyd o gael eistedd yn y stadiwm hanesyddol honno.

Bonws oedd hi i Gymru ennill yr ornest o 12-16 gyda chais arbennig gan Shane Williams i sicrhau'r Goron Driphlyg. Roedden ni i gyd yn O'Donaghue's, un o'n hoff dafarne yn y byd, ac rown i yng nghwmni ffrindie annwyl i fi a dau ddihiryn o frawd. Jiawled yw meibion gweinidogion medden nhw. Shwd fydden i'n gwbod? Fe ddes yn ôl o'r bar gyda'r hambwrdd arferol o win y gwan. Roedd y Guinness yn llifo'r noson honno a phan gyrhaeddes y bareli a oedd yn dyblu fel byrdde, roedd y lleill ynghanol rhyw gêm yfed ddwl. "Red, Black, Red," medde Rhodri. "Cywir," medde Gwyn. "Red, Blue Yellow," medde Rhys. "Anghywir. Yfa lwnc o dy beint," medde Gwyn. "Beth chi'n neud?" gofynnes. "Weithi di fe mas," medde Gwyn. "Reit. Coch, Du, Brown," medde fi. "Cywir," medde Gwyn. Digon yw dweud bod y diawled wedi gweithio'r tric yn berffaith. Gwneud i fi gredu taw Gwyn yn unig oedd yn gwybod y dilyniant cywir o liwiau drwy esgus eu bod nhw hefyd yn gwneud camgymeriade. Roedd hi'n rhy hwyr erbyn i fi sylwi taw fi oedd yn gwneud y mwya o gamgymeriade; doedd dim dilyniant cywir; tric oedd y cyfan i feddwi'r ionc o Gaerfyrddin. Person hawdd i ga'l fy nhwyllo ydw i ar adege, rwy'n cyfadde, ond rwy'n llawer mwy gwyliadwrus yng nghwmni'r criw o'r ffrindie hyn erbyn heddi. Doedd dim byd maleisus yn nhricie'r bechgyn o gwbwl, hwyl oedd y cyfan ac rwy'n cyfrif fy hunan yn lwcus bod 'da fi ffrindie mor dda.

Wedi brecwast ar y dydd Sul, roedd rhaid ffarwelio â bois Pontyberem a William Gwyn. Roedd yr awyren nôl i Luton ddim yn gadael tan wyth o'r gloch yr hwyr felly roedd digon o amser 'da Prys a fi i fwynhau mwy o groeso twymgalon tafarndai Dulyn. Y drafferth oedd nad own i'n gallu yfed gan fy mod yn gorfod gyrru nôl o Luton i Gaerdydd ond daeth y teledu i'm hachub. Roedd fy hoff glwb pêl-droed sef Cardiff City, yr Adar Gleision, yn herio Middlesborough mewn gêm gynderfynol yng nghystadleuaeth cwpan FA Lloegr. Eisteddodd Prys a finne drwy'r gêm ac yna codi'n bagiau a dal tacsi i'r maes awyr. Yn anffodus, roedd gweithfeydd ar bob heol y noson honno, ac erbyn i ni gyrraedd y ddesg 'check-in' – roedd hi ar gau. Roedd awr a mwy cyn i'r awyren hedfan a doedd 'da ni ddim bagie dim ond bagie llaw ar fwrdd yr awyren ond pallodd y fenyw y tu ôl i'r ddesg ildio. Doedd dim dewis ond talu hanner can punt yr un yn fwy i ddal yr awyren nesa yn ôl i Luton. Rhwystredig, heb os... ond gwerth chweil ar ôl penwythnos bythgofiadwy.

Yn *Pobol y Cwm*, prin iawn oedd y golygfeydd rhwng Denzil a Derek, ond roedd anturiaethe Gwyn a Hywel yn niferus, am ein bod yn ddilynwyr selog rygbi a phêl-droed. Trwy 'nghyfeillgarwch gyda Gwyn des i adnabod criw o fechgyn a oedd yn ffrindie â Gwyn yn y Gorllewin Gwyllt: Del Rees, Elgan, Gareth Gogs, Justin Parry a John Evans, criw o fois annwyl yn llawn hiwmor. Er na fydden ni'n gweld ein gilydd yn amal a hynny'n brinnach fyth erbyn hyn, mae'r cwlwm cyfeillgarwch yn dynn. Y rhain oedd yr 'usual suspects' ar deithie i wylio gême rygbi i Paris, Dulyn, Caeredin a hyd yn oed i HQ yn Llundain.

Ceson ni drip anfarwol gyda'r gwragedd i Baris i weld y gêm ola rhwng Les Bleus a Chymru yn yr hen Parc des Princes yn 1997. Roedd Gwyn wedi gofyn a fydde diddordeb gyda fi a Liz fynd i Baris i weld y gêm. Wel, roedd y gêm ar y 15fed o Chwefror, felly bydden i a Liz ym Mharis ar y dydd Gwener y 14eg, sef diwrnod Sant Ffolant. Cyfle euraidd i Hywel fod yn ŵr rhamantus i'w wraig. Dywedes wrth Gwyn ei bod yn 'all systems go' gyda ni ac aeth Gwyn ati i drefnu'r trip. Es i ati i sicrhau tocynne i'r gêm i fi a Liz. Anfones neges at Tony Rees, ffrind a oedd yn chware ar y pryd i S.A. Brive yn Ffrainc. Buodd gwraig Tony, Lynnie, yn gydweithwraig gyda Liz yn Neuadd Dewi Sant am gyfnod. Trwy Lynnie des i adnabod Tony, cawr o ddyn hoffus a oedd yn dipyn o ail reng yn ei ddydd. Roedd yn anlwcus i fod yn chwarae ar yr un pryd â Gareth Llywelyn. Mae Tony yn un o'r chwaraewyr a haeddai ennill cap i Gymru er y câi ei hunan mewn trwbwl gyda dyfarnwyr o dro i dro ac efalle mai hyn fu'n faen tramgwydd iddo. Yn ogystal â chynrychioli Brive bu'n chwarae dros Gaerdydd a Tokyo Gas yn Japan. Ta waeth, chwarae teg i Tony, fe lwyddodd i gael gafael ar docynne i ni ond roedd yn rhaid i Liz a finnau fynd i swyddfeydd yr FFR ym Mharis i godi'r tocynne a oedd wedi cael eu gadael yn enw Philipe Carbonneau, cyd-chwaraewr i Tony yn Brive.

Fe deithiodd Liz a finne yn ein car lan i Heathrow yn gynnar ar fore Gwener yn dilyn Gwyn a'i wraig Caroline yn eu tanc o gar enfawr. Digon o le yn hwnnw i Del a'i wraig Linda a Gareth a'i wejen Ann. Pawb yn edrych mla'n am benwythnos difyr ym Mharis; bagie mawr gyda'r tri phâr priod a bag llai o seis gyda Gareth ac Ann. Testun tynnu coes wrth y 'check-in' nad oedd angen cymaint o ddillad ar bâr di-briod. Tipyn o dynnwr coese yw Gwyn. Mae angen bagie mwy o seis erbyn hyn ar Gareth a Ann gan eu bod bellach yn briod a chanddynt blant. Siwrne ddigon cysurus ar yr awyren i faes awyr Charles De Gaulle, yna tacsi i'r gwesty.

Gadael y chwe chydymaith o'r Gorllewin a bant â fi a Liz i chwilio am swyddfeydd yr FFR. Mewn stryd fach gefn daethon ni o hyd iddyn nhw ac fe gerddes at y ddesg a dweud, "Good Afternoon, my name is Hywel Emrys and I believe there are tickets here for my wife and me under the name Philipe Carbonneau." Edrychodd y gŵr y tu ôl i'r ddesg arna i'n syn. "Parlez vous Anglais?" medde fi wedyn. "Non!" medde fe'n swrth. Reit, cyfle i gael gweld sut job wnaeth Mike McCarthy, fy hen athro Ffrangeg yn Llanymddyfri. "Je m'appelle, Hywel Emrys. Il y'a deux billet ici pour moi dans le nom de Philipe Carbonneau au Brive." "Ah, billets. Un moment si'l vous plait." Cododd ffôn wrth ei ymyl a pharablu'n gyflym i mewn i hwnnw. Wedi iddo orffen, pwyntiodd at ddwy gader esmwyth gan ddweud "Asseyez-vous s'il vous plait." Mewn munud neu ddwy daeth menyw mas o'r drws o'n blaenau. Rhaid dweud mai hon oedd y fenyw brydfertha i fi ei gweld erioed; cerddediad gosgeiddig, coese wedi'u lapio'n dynn mewn lledr du, yn gwisgo blows wen sidan nad oedd yn gadael dim i'r dychymyg. Roedd hi'n oer yn y cyntedd ac roedd ei bronnau'n tystio i hynny. Roedd ganddi lygaid pefriol, glas, gwallt golau a lipstic coch. Duwies heb os. "Monsieur Emrys?" "Oui." "Would you like to follow me, please?" "To the ends of the earth," medde fi a theimlo penelin Liz yn siarp yn fy ochr. Trois ati a derbyn y wên fwya hyfryd ganddi. Roedd hi'n fy nabod i i'r dim ac yn gallu gweld hiwmor y sefyllfa.

Wedi derbyn y tocynne ganddi, aethon ni yn ôl i'r gwesty i gwrdd â phawb arall a rhyngon ni fe benderfynon ni fynd i'r Place du Tertre yn Montmarte i gael bwyd. A dyna sut y daethon ni i gael ein hunain lan lofft yn Chez Eugène. Roedd y lle dan ei sang: grŵp lawr llawr yn chwarae La Vie En Rose; eglwys y Sacré Coeur wedi'i goleuo gan lifoleuadau i'w gweld drwy'r ffenestri; a Beaujolais hyfryd ar y bwrdd. Roedd Liz yn hapus ac wedi ymlacio'n llwyr. Noson Sant Ffolant berffaith. Wel, fel hynny y dechreuodd hi beth bynnag. Yn ystod y noson fe lwyddodd Liz a finne yfed gormod o Beaujolais. Digon yw dweud i ni'n dou fod yn dost ofnadwy yn ystod y nos ond cafodd fwy o effaith ar Liz na fi gan iddi fethu cadw hyd yn oed dŵr i lawr y bore trannoeth.

"I don't think I can go to the game," medde hi ar lawr cyntaf Tŵr Eiffel.

"OK. I'll come back to the hotel with you, then," medde fi.

"Don't be silly, you go. Enjoy. I'll be fine, I just need to lie down."

Wel, fe gyniges i ond do? Bant â fi i'r gêm. Gwerthes docyn Liz i Gymraes o Ddolgellau. Roedd hi'n gêm gyffrous ond yn anffodus Ffrainc aeth â hi o 27 pwynt i 22.

Ar y ffordd yn ôl o'r gêm roedd chwant bwyd ar Gwyn a Caroline, ac wedi siwrne ddigon brawychus mewn tacsi o amgylch yr Arc De Triomphe, fe ddaethon ni o hyd i ryw fistro bach tawel.

"Beth ti'n ffansio, Caroline?" gofynnodd Gwyn. "Ma' ham a tsips 'da nhw, shgwl. Jambon du Pays et Frites."

Cyn i fi gael cyfle i'w gywiro roedd y gweinydd wedi mynd i'r gegin. Pan ddaeth â'r bwyd iddyn nhw, anghofia i byth mo geiriau Caroline, "Gwyn, fi'n gallu gweld patrwm y plât drwy'r cig 'ma!" Wrth gwrs, ham tebyg i Parma Ham yw Jambon Du Pays a dyna beth roedd Gwyn wedi'i archebu. Nôl yn y gwesty fe gawson ni gwmni ychwanegol; roedd Prys, William Gwyn a Gareth Huw wedi gyrru'r holl ffordd o Gaerdydd. Esiampl arall o griw'n teithio mewn gwahanol ffyrdd i gêm ryngwladol.

Gadawes i a Liz y criw am sbel i fynd i chwilio am fwyd i Liz. Roedd hi'n teimlo'n well ar ôl cael cwsg yn y prynhawn ac fe ddethon ni o hyd i ryw siop fach oedd yn gwerthu sudd oren a *baguettes*. Diddorol oedd teithio gyda'r gwragedd, profiad hollol wahanol i deithio gyda'r bois. I ddechrau, gyda'r bois, fydde bron dim Beaujolais yn cael ei yfed nac unrhyw win arall chwaith ar wahân i win y gwan, wrth gwrs.

Y tro cyntaf i fi fod yng nghwmni Gwyn Elfyn ar daith rygbi oedd yn 1991 ar yr 2ail o Chwefror yng Nghaeredin. Rown i wedi teithio lan mewn bws mini gyda fy mrawd a chriw o ddarlithwyr Coleg y Drindod, Llew Jones, Mansel Thomas, Dai Rogers, Maldwyn Jones a Cled Davies. Roedden ni'n aros mewn fflatie hunan arlwyo heb fod ymhell o Stadiwm Tynecastle, cartref y tîm pêl-droed Hearts of Midlothian ac o'r ffenestri gallen ni weld y stadiwm yn glir. Jôc Rob a finne oedd ein bod wedi ail enwi'r tîm yn Farts of Midlothian erbyn diwedd y penwthnos. Dyna'r effaith gafodd yr *heavy* a'r wisgi ar fois y Drindod. Llew a finne oedd yr unig ddau o'r criw i fethu cael gafael ar docynne i'r gêm. Buon ni'n dau yng Nghlwb y Watsonians yn ei gwylio ar sgrin fawr. Cawson ni groeso bendigedig a sawl whisgi am ddim gan ein gwesteiwyr, mwy na thebyg gan fod yr Alban wedi ennill. Yn y Watsonians y cwrddes â chyd- fyfyriwr o ddyddiau'r coleg. Deallais y foment honno pam y câi ei adnabod yng Nghyncoed fel 'Scotty'. Albanwr oedd e ond heb yr acen Albanaidd ac mae llawer o'r rheini i'w cael yng Nghaeredin.

Erbyn diwedd y gêm roedd Llew a finne'n ddigon hapus ac yn barod am ragor. Wedi cwrdd lan â'r dihirod eraill fe fuon ni'n crwydro Princes Street a dod o hyd i westy o'r enw

The Mount Royal sy bellach yn Premier Inn. Am ryw reswm fe benderfynon ni fynd i mewn a dyna ble daethon ni o hyd i Gwyn Elfyn, bois Drefach a Phontyberem yn canu'n braf. Wel ro'dd rhaid ymuno â nhw ond o'dd e? Canu sawl emyn Cymraeg mewn pedwar llais ac fe dro'dd rhyw fachan o London Welsh at 'y mrawd a'n canmol ni gyda gwên lydan ac acen Seisnigaidd berffaith. 'So marvellous hearing the old hymns sung so beautifully.' Diflannu wnaeth y wên serch hynny pan ddechreuais i a Mansel arwain corws swnllyd o 'We'll burn your houses down' i dôn 'Those Were The Days' Mary Hopkin.

Cymeriad yw Mansel. Gŵr annwyl tu hwnt. Fe oedd yn gyfrifol am wahodd criw o gast *Pobol y Cwm* i chware mewn gêm rygbi elusennol yn Mynydd y Garreg. XV Ray Gravell yn erbyn XV Mynydd y Garreg a'u gwesteion. Braf nodi fy mod wedi sgori cais yn y gêm honno yn erbyn Grav, Martyn Gravelle a Phil Bennett ond nid hwnnw sy'n aros yn y cof. Rown i'n chwarae cefnwr ac mewn ciliad arbennig o'r ornest gwnaeth Phil Bennett dorri drwy amddiffyn Mynydd y Garreg a dim ond y fi i faeddu. Siawns gwneud enw i'n hunan, meddylies fel yr actor wnaeth daclo Phil Bennett. Mewn chwinciad roedd Bennett wedi ochrgamu a'm gadael yn swp ar lawr yn y mwd. Yr unig gysur i fi oedd y ffaith ei fod wedi gwneud rhywbeth tebyg i amddiffyn yr Alban pan sgoriodd 'The Try Of The Championship' (geiriau Bill Mc Claren) yn 1977. Yn anffodus, cais Bennett i XV Ray Gravell ddewisodd *Wales Today* ei ddangos ar y teledu ar nos Lun a Hywel Emrys ar ei fola yn y mwd! Yn yr ystafelloedd newid ar ôl y gêm digwyddais sôn wrth Phil Bennett 'mod i wedi synnu bod XV Ray Gravell wedi cymryd gêm gyfeillgar gymaint o ddifri. Yr ateb ges i oedd nad oedd shwd beth â gêm gyfeillgar o rygbi yng Nghymru. Ches i mo'n siomi wrth gwrdd ag un arall o'm harwyr.

PENNOD 19

Ni'n lwcus
ond ŷn ni, Dad?

UN O'R TRIPIE rygbi gore bues i arno fe oedd trip Clwb Rygbi Ieuenctid Cymry Caerdydd (CRICC) i Brest, yn Llydaw yn 2008. Bues i am gyfnod o ryw bedair blynedd yn gadeirydd CRICC ac am ddwy flynedd yn gyd-hyfforddwr i dîm fy mab, Sam. Roedd timoedd ar gyfer bob oedran o dan 7 mlwydd oed hyd at o dan 13 oed. Ffurfiwyd CRICC er mwyn darparu hyfforddiant rygbi i blant trwy gyfrwng y Gymraeg. Yn y blynyddoedd cyn 1990 fe fuodd sawl trafodaeth ymysg cyn-chwaraewyr Clwb Rygbi Cymry Caerdydd, a oedd bellach yn rhiaint eu hunain, y bydde hi'n braf creu clwb er mwyn rhoi cyfle i'w plant gael eu hyfforddi drwy gyfrwng y Gymraeg i chware rygbi. Fe drodd y siarad yn weithgarwch ac ar ôl casglu nifer o blant at ei gilydd fe sefydlwyd CRICC yn 1990. 1990-91 oedd y tymor agoriadol. Huw Llywelyn Davies oedd y Cadeirydd, Dafydd Hampson Jones, y trysorydd a'r hyfforddwyr oedd Dafydd Hywel, Wyn Lewis, Goronwy Jones, Bernie Simpson, John Davies a Huw Jones. Roedd Huw Jones a Dafydd Hampson Jones yn dal ar y pwyllgor pan own i'n gadeirydd ymhen rhyw ugain mlynedd wedyn. Mae'r ddau ohonyn nhw wedi bod yn ffyddlon iawn i CRICC am flynyddoedd lawer. Hen bryd iddyn nhw gael eu henwebu am 'Unsung Heroes' ar raglen *Welsh Sports Personality* y BBC ddwedwn i.

Cawson ni drip hir ar fws o Gaerdydd i Plymouth er mwyn

dal y fferi i Roscoff ac yna ymlaen ar fws i Brest yn Llydaw. Roedd yn arferiad gan CRICC i chwarae yn erbyn Brest adeg gwylie'r Pasg gatre yng Nghaerdydd ac yna i ffwrdd yn Brest bob yn ail flwyddyn. Bydde rhieni'r ddau glwb yn cynnig lletty i'r plant yn eu cartrefi a'r rhieni oedd yn teithio gyda'r bechgyn yn aros mewn gwesty. A'th y daith mas ar y fferi'n esmwyth dros ben ac fe fwynhaodd tadau CRICC awyrgylch gynnes y bar yn lolfa'r llong. Roedd y plant wrth eu bodde'n crwydro ac yn cyfarfod â phlant eraill ar y llong.

Pan gyrhaeddon ni Brest fe ddosbarthwyd y Cymry bach i'w teuluoedd Llydewig dros dro ac aethpwyd â'r tadau i westy moethus yn y ddinas ac yna i wledd i'n croesawu mewn bwyty. Roedd y bwyd yn arbennig a'r gwin yn llifo. Wedi'r pryd aethon ni ar grwydr rownd barie'r ddinas cyn gorffen mewn rhyw glwb nos ar thema Americanaidd lle dangoswyd cryn ddiddordeb ym maner y ddraig goch oedd 'da fi rownd f'ysgwydde. Yn amlwg doedd pob Llydäwr ddim wedi clywed am Gymru; mae angen i Meic Stevens fynd yn ôl yno i genhadu eto.

Ar ddiwrnod y gêm, cafodd CRICC grasfa go iawn ar y cae. Yn Ffrainc mae'r Undeb Rygbi yn rhedeg grŵp oedran 13-15 oed. Newydd gyrraedd 13 oedd ein cryts ni ac roedd nifer o'u gwrthwynebwyr yn hŷn a chryn dipyn yn fwy o ran maint. Meddliant oedd y broblem, achos pan lwyddai bois CRICC i gael gafael yn y bêl fe ddangoson nhw bod ganddyn nhw ddigon o ddoniau i chwarae rygbi pert iawn. Diflannodd siom y bechgyn yn go glou ar ôl y gêm pan aeth swyddogion a rhieni Brest â ni i ganolfan chwaraeon lle'r oedden nhw wedi gosod y wledd fwya anhygoel ar y byrdde i ni, gan gynnwys seidr lleol i'r oedolion, diod nodweddiadol o'r ardal. O ganlyniad i noson hwyr y noson cynt fe gymerodd hi dipyn bach yn hirach i bawb fynd i hwyl ond ymunodd criw Brest â ni ar ein taith i'r ddinas y noson honno a chafwyd cystadleuaeth canu mewn sawl tafarn a bar. Fe golles gownt sawl gwaith cafodd 'Calon Lân' ei chanu, a hynny ar sawl tôn wahanol.

Daeth yn adeg ffarwelio â Brest ond roedd digon o amser cyn dal y fferi adre ac fe benderfynwyd ein bod yn mynd i ymweld â chaffi bach ar lan y môr heb fod yn rhy bell o Roscoff. Dwi ddim yn cofio enw'r pentref bach ond fe ddigwyddodd un peth wneiff aros yn fy nghof am byth yno. Roedd pawb wedi archebu eu bwyd, 'Moules et Frites' i fi a byrger i Sam. Beth arall? Yng nghornel yr ystafell roedd yna deulu lleol a chanddyn nhw grwtyn anabl mewn cadair olwyn. O bryd i'w gilydd bydde'r crwtyn hwnnw yn gweiddi nerth ei ben gan dynnu sylw pawb yn y caffi. Ar y ffordd yn ôl i'r bws a'm braich dros ei ysgwydd, fe ddywedodd Sam,

"Ni'n lwcus ond ŷn ni, Dad?"

"Pam? Beth ti'n feddwl, Sam?"

"Wel, rown i'n teimlo trueni dros y teulu bach yna. Roedd pawb yn edrych arnyn nhw a nage bai'r bachgen bach oedd e. O'dd e'n ffaelu help. Hefyd sdim un ohonon ni mewn cadair olwyn. Ma' lot 'da ni ddiolch amdano fe."

Mae Sam wedi bod yn blentyn annwyl erioed ond roedd ei diriondeb tuag at y teulu bach yna'n annisgwyl iawn. Mae lwmpyn yn dal i godi yn fy ngwddf wrth feddwl am ei eirie. Dyna'r foment i fi sylweddoli fy mod i a Liz wedi magu plentyn a chanddo galon enfawr. Dyw dweud 'mod i'n browd o Sam y foment honno ddim yn gwneud cyfiawnder ag e rywsut.

Os oedd y daith fferi mas i Brest yn un llonydd a braf, roedd y daith yn ôl i Plymouth yn hunllefus. Ar un adeg roedd y lolfa yn edrych fel y Somme; roedd cyrff ymhobman, ar y llawr, yn gorwedd ar feinciau ac wedi cyrlio mewn cadeirie. Pan archebes fy mheint wrth y bar roedd rhaid gafael yn dynn yn y gwydr i'w arbed rhag llithro bant. Dyna'r unig beint ges i a wnes i mond yfed hanner ohono. Doedd dim awydd bwyta chwaith a sut wnes i ddim chwydu fy mherfedd i fag papur dwi ddim yn gwybod. Roedd stiwardiaid y llong yn dosbarthu bagie a chasglu bagie llawn yr holl ffordd gartre. Teimlai'r siwrne deg awr fel siwrne o ryw ddwy awr ar y ffordd mas ond fel wythnos ar y ffordd nôl. Roedd Sam druan yn dost iawn, ond llwyddodd i gysgu am ran o'r daith. Ond wrth edrych nôl, dyna un o'r teithie rygbi gore erioed. A braf nodi bod y tadau ar y trip wedi cyd-dynnu'n arbennig. I Aled Phillips, Andrew James, Angus McClean, Andrew Burge – diolch am lu o atgofion ac am y cwmni.

Os caf fy nghofio am un peth gan aelode CRICC, ar wahân i fod yn godwr canu yn Brest, llwyddo cael cryse rygbi arbennig i'r tîm pan own i'n gadeirydd fydd hwnnw. Sa i mor siŵr 'mod i mor boblogaidd â hynny gan yr hyfforddwyr gan ci fod yn golygu mwy o gyfrifoldeb, casglu cryse ar ôl gême a'u golchi ac yn y blaen. Rwy'n sylweddoli hynny fy hunan gan i fi wneud y jobyn sawl gwaith gyda'r Old Cantonians. Ta waeth, cryse coch a gwyrdd plaen oedd gan y bechgyn pan ddechreuodd Sam chwarae i CRICC. Roedd gan bob plentyn o bob oedran yr union yr un crys. Roedd gan eu gwrthwynebwyr, St Joseph's, St Peter's, Penarth, Dinas Powis, St Albans ac ati gryse gyda rhife ar eu cefne ac enw'r noddwr ar y blaen. Gwnaeth hyn i fi ddechre meddwl ac un prynhawn Sadwrn, yn y Mochyn Du ar ôl un o gême Cymru, dechreues siarad gydag Elgan, perchennog cwmni arlwyo a gwesty Elgano's yng Nghaerdydd. Gofynnes iddo a fydde ganddo ddiddordeb mewn noddi set o gryse i adran oed Sam yn CRICC. Roedd Elgan yn hapus iawn i wneud, felly es ati i wneud ychydig o waith ymchwil. Roedd cwmni Picton Sports yng Nghaerfyrddin yn gwneud cryse i glybie rygbi, felly rhoddes ganiad iddyn nhw. Eu gwerthwr oedd Emyr Lewis, 'Y Tarw' ei hun a ches felly gyfle i gwrdd ag un arall o'm harwyr rygbi drwy archebu cryse oddi wrth Picton Sports. Dewiswyd y cryse gan gwmni Kooga a gwnaeth Emyr yn siŵr bod 'Kooga Made For Rugby' yn cael ei newid i 'Kooga Ar Gyfer Rygbi' er mwyn cadw at ethos CRICC. Cafodd logo Draig Cwmni Elgano's ei roi ar y blaen a'r enw ELGANO mewn llythrenne bras Celtaidd ar y cefen. Archebwyd crys maint oedolyn i Elgan ac fe lwyddon ni gael llun o'r bechgyn ac Elgan yn gwisgo'u cryse yn y *South Wales Echo* a hefyd erthygl fer fel cyhoeddusrwydd.

Pan enillodd tîm CRICC oedran Sam Ŵyl Rygbi Llanilltud Faerdref yn eu cryse newydd, cawson ni lun wedi'i fframio a'i roi i Elgan fel y galle fe ei hongian yn ei siop. Bellach mae Elgan yn berchen ar westy a bwyty Eidalaidd yng Nghaerdydd. Tybed ai'r cyhoeddusrwydd ar gryse CRICC sydd yn gyfrifol am ei lwyddiant?

Elgan os wyt ti'n darllen hwn, dy gryse di wnaeth ddechre'r chwyldro yn CRICC. Yn fuan wedi i'r bechgyn ymddangos yn eu cryse da'th nifer o rieni ata i a gofyn pam nad oedd cryse tebyg gan dîm oed arbennig eu plant nhw. Dywedes fod croeso iddyn nhw drefnu cryse pe baen nhw'n awyddus i wneud hynny ac o ganlyniad fe gafodd Picton Sports sawl archeb oddi wrth CRICC a chyn hir roedd gan bob tîm o bob oedran yn CRICC gryse arbennig ar gyfer y gêm. Mewn cyfarfod pwyllgor fi gafodd y cyfrifoldeb am drefnu'r cryse a chysylltu â'r noddwyr oherwydd fy llwyddiant ysgubol gydag Elgano. Felly dyma fy nghyfle i ddiolch i Nolan (Ffenestri PVC) a Leekes. Dyna oedd fy mhrif gyfraniad i CRICC. Cynlluniwr Cryse. Dyw e ddim yn beth mawr, ond roedd y plant a'r rhieni wrth eu bodde.

Anfones y fersiwn Gymraeg 'Chi Adre' i adran cysylltiade cyhoeddus Leekes pan gafodd y cryse noddedig eu cynllunio. Yn fuan ar ôl gweithio'n agos gyda Leekes a chyfieithu ei logo 'You're Home', fe ddechreuodd S4C ddarlledu hysbysebion Leekes gyda'r logo 'Chi Adre' yn amlwg ynddyn nhw. Daeth y fersiwn Cymraeg i'r hysbyseb yn boblogaidd iawn ar y sianel. Dim hanner mor boblogaidd ag roedd e gyda'r plant oedd yn gwisgo'r cryse, serch hynny. Ie CRICC oedd yn gyfrifol am y logo 'Chi Adre'.

Un o gyn chwaraewyr enwoca'r clwb yw Jamie Roberts, canolwr Cymru a'r Llewod. Mae CRICC bellach, ers sawl blwyddyn, wedi ymgartrefu yn Cardiff High School Old Boys a Jamie yw'r unig chwaraewr o'r ddau glwb i gynrychioli ei wlad ar y maes rygbi. I brofi hyn mae crys Cymru wisgodd Jamie yn erbyn Yr Eidal wedi'i fframio ar wal CHSOB. Bues i mor lwcus o'i dderbyn gan Jamie yn anrheg i CRICC pan oedd yn ŵr gwadd yn un o'n nosweithie gwobrwyo. Chwarae teg iddo, dyw e ddim wedi anghofio'i wreidde. Dyma gyd-ddigwyddiad arall, ei hyfforddwr cynta oedd Neville Poole, fy hen gyfaill, ac ef a'i fab, Owen, oedd yn gyfrifol am fy nenu i a Sam i CRICC, felly mae gan Sam dipyn o esiampl i'w ddilyn. Ers i fi adael mae Clwb Rygbi Cymry Caerdydd wedi dechre darparu hyfforddiant yn y Gymraeg hefyd.

Mae CRICC a Chlwb Rygbi Cymry Caerdydd yn ddau sefydliad gwahanol. Does dim cysylltiad rhyngddyn nhw o gwbwl er i'w hethos a'r rhesyme am eu sefydlu fod yn debyg iawn. Bu anghydfod rhwng y ddau glwb o ganlyniad i gais gan y Clwb Rygbi i gael CRICC i ymuno â nhw fel sector ieuenctid. Gwnaeth hyn gythruddo sawl aelod blaenllaw o'r ddau glwb, yn enwedig CRICC. Methwyd dod i gytundeb ac fe arhosodd y ddau glwb ar wahân. Yn y cyfnod pan own i'n gadeirydd CRICC a Rhys ap William (Cai yn *Pobol y Cwm*) yn gadeirydd y Clwb Rygbi cawson ni sawl sgwrs answyddogol, danllyd, breifat, dros beint yn amlach na dim, er ei bod hi'n amhosib i Rhys a finne gwmpo mas gan ein bod yn ffrindie. Un annwyl yw Rhys ac mae Undeb Rygbi Cymru yn lwcus i'w gael fel un o'r tîm cyhoeddi ar ddyddie gême rhyngwladol yn Stadiwm y Mileniwm, neu Stadiwm y Principality fel mae bellach.

Mae disgwyl i glybie yng nghynghreirie Undeb Rygbi Cymru redeg adranne ieuenctid ac mae hyn yn un o'r rhagamode i unrhyw glwb sy'n ennill dyrchafiad i gynghrair uwch. Dyma, rwy'n sicr, oedd y tu ôl i ddymuniad Clwb Rygbi i gael CRICC fel rhan o'i 'set up' gan fod Clwb wedi profi llwyddiant ysgubol ar y meysydd rygbi ledled de-ddwyrain Cymru ac wedi ennill sawl dyrchafiad. Gan fod styfnigrwydd pwyllgor CRICC yn ei ddal yn ôl, fe ffurfiwyd adran iau newydd sbon dan aden Clwb Rygbi a bellach mae yna ddau glwb rygbi ieuenctid

Cymraeg yn y ddinas sy'n well o bell ffordd na chael 'mond un. Dymunaf bob llwyddiant yn y dyfodol i'r ddau glwb. Yn rhyfedd dyma adeg cyd-ddigwyddiad arall yn fy hanes. Huw Llywelyn Davies oedd Llywydd CRICC pan sefydlwyd e, a Martyn Williams oedd llywydd Clwb Rygbi yn ystod y cyfnod ceisio uno. Yn ddiddorol, Rob fy mrawd oedd yn gyfrifol am gynllunio bathodyn gwreiddiol Clwb Rygbi Cymry Caerdydd yn 1967. Roedd Rob yn athro yn Nhongwynlais ar y pryd, felly mae cysylltiad teuluol wedi bod erioed gyda rygbi drwy'r iaith Gymraeg yn y brifddinas.

Daeth fy nghyfnod i fel Cadeirydd i ben yn ystod cyfarfod blynyddol CRICC ar ddiwedd tymor 2010-11. Mynegodd nifer o hyfforddwyr y Clwb eu hanfodlonrwydd gyda'r ffordd roedd y pwyllgor yn rhedeg y clwb a daeth cynnig o ddiffyg hyder yn y pwyllgor o'r llawr. Roedd yna deimlad cryf nad oedd strwythur dilyniant digon cryf mewn bodolaeth i sicrhau hyfforddiant drwy gyfrwng y Gymraeg ar ôl grŵp oedran o dan 13. Roedd sawl aelod yn mynnu y base fe'n well pe bai'r plant yn gallu cynrychioli CRICC ac nid CHSOB o dan 14 oed. Roedd dymuniad y dylai CRICC ymuno â'r Clwb Rygbi er mwyn creu clwb Cymraeg o'r crud i'r bedd.

Teimlai nifer helaeth o rieni'r chwaraewyr serch hynny fod y plant yn saffach ar dir CHSOB gan nad yw'r traffig yn brysur yno o'i gymharu â Heol y Gadeirlan. Roedd yn sefyllfa llawn cymhlethdod. Teimlwn, ar y pryd, fel y gwnawn wrth sgwrsio gyda bois y Clwb Rygbi, bod y syniad yn ddelfrydol ond roedd gen i fy amheuon a fydde fe'n ymarferol. Roedd yn bryd i fi ildio'r swydd a gadael i rywun ffres gymryd yr awene. Felly penderfynes yn y fan a'r lle ymddiswyddo. Rheswm cryf arall dros wneud hyn oedd fy mod yn credu bod datgan anfodlonrwydd gyda gwaith Huw a Dafydd Hampson yn annheg ac yn amharchus. Roedden nhw wedi'r cwbwl wedi gwasanaethu'r clwb yn ddi-dâl am dros ugain mlynedd.

Diddorol nodi hefyd i'r cynnig o ddiffyg hyder gael ei

Derek a Meic ar set Caffi Meic. Un o syniadau 'gwych' Meic (Gareth Lewis)
– gwerthu lagyr tsiep yn y Caffi – yn mynd o chwith!
Llun: BBC

Dathlu 1000fed pennod *Pobol y Cwm* yng Nghlwb y BBC, Llandaf. Rhes Gefn o'r
chwith: Rhian Morgan, Gwyn Derfel, Gareth Lewis, Huw Ceredig, Sara McGaughey,
Ifan Huw Dafydd, Marion Fenner, Gaynor Morgan Rees a Brinley Jenkins. Rhes
ganol: Andrew Teilo, fi, Ieuan Rhys a Lis Miles. Rhes flaen: Ioan Gruffudd, Geraint
Owen, Bernard Latham, Cadfan Roberts ac Eirlys Britton.
Llun: BBC

Cariadon Derek: Karen, Menna, Sally a Diane. Yr hyfryd Rhian Jones, Sara Harries Davies, Llio Millward a Vicky Plucknett.
Lluniau: BBC

Un o'm hoff luniau: fi a Glan Davies (Clem Watkins).

Jeremi Cockram, Ray Gravell a fi. Cinio blynyddol Clwb Rygbi Cwmderi. Sion White a Derek – a Ray fel ei hunan!
Llun: John Waldron a'r BBC

Derek a'i hanner chwaer Carol Gwyther (Rhian Morgan).
Llun: BBC

Karen (Rhian Jones) a Derek.
Llun: BBC

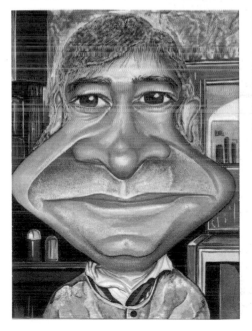

Sateki Nau (Sililo Martens) a Derek. Daeth Sililo Martens i chwarae cymeriad arbennig mewn stori'n ymwneud â'r Clwb Rygbi yn *Pobol y Cwm*. Roedd e'n chwarae i Abertawe ar y pryd ac yn chwaraewr rhyngwladol i Tonga.

Cartŵn o Derek. Dwi ddim yn cofio ym mha gylchgrawn yr ymddangosodd hwn ond nage *astronaut* ydw i'r tro yma!

Mandy, Derek a Fiona. Roedd y tri'n rhannu fflat ar un adeg yng Nghwmderi. Eiry Thomas a Lydia Lloyd Parry oedd yn rhan flaenllaw o un o driciau'r Brodyr Bach!

Llun: John Waldron a'r BBC

Huw Euron a fi mewn parti. Buodd Huw'n chwarae rhan Darren Howarth yn y garej gyda Derek a'i hala'n benwan. Yn y stori a mewn *real life*!

Fi a Phyl Harries (Ken Coslett) yn y parti i ddathlu pen-blwydd Phyl yn 50 oed.

Fi a Rhys ap William, EL CRICCO ac EL CLWBBO!, yn ystod ein hymweliad â *Dyddiadur Dews*, S4C.

Clwb Pêl-droed Cwmderi. Rhes Gefn: John Glyn Owen, John Biggins, Dewi 'Chips' Williams, Fi, Ieuan Rhys, Martyn Geraint, John Waldron ac Eryl Huw Phillips. Rhes Flaen: Ioan Gruffudd, Iestyn Jones, Gwyn Elfyn, Alun Williams, Phyl Harries a Huw 'Dinas' Davies.

Clwb Pêl-droed Cwmderi eto. Deg chwaraewr? Credu bod y llall yn tynnu'r llun! Rhes gefn: Alun Williams, Prys Dafydd, Emyr 'Miaw' Evans, Fi, Jon Owen (gŵr Shelley Rees 'Stacey') a Ioan Gruffudd. Rhes flaen: Huw 'Nobby Tomato' Tudur, Gwyn Elfyn, Martyn Geraint ac Andrew Teilo.

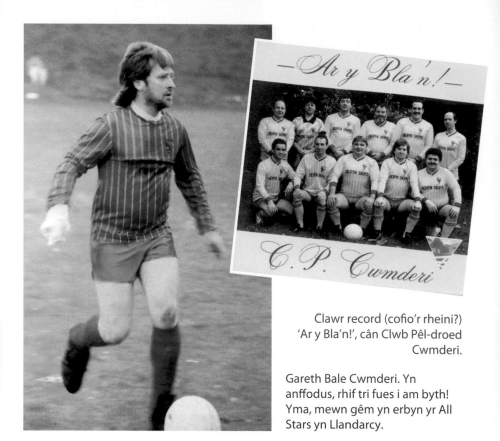

Clawr record (cofio'r rheini?) 'Ar y Bla'n!', cân Clwb Pêl-droed Cwmderi.

Gareth Bale Cwmderi. Yn anffodus, rhif tri fues i am byth! Yma, mewn gêm yn erbyn yr All Stars yn Llandarcy.

Tîm rygbi Bois y Cwm. Daeth criw at ei gilydd i herio Clwb Rygbi Merched Tymbl. Yn y llun: Glan Davies, Iwan Jones, Wyn Stephens, Mel Mudd, Emyr 'Miaw' Evans, Ieuan Rhys, Alan John, Prys Dafydd, Gareth Davies, Andrew Teilo, Alun 'Batman' Roberts. Carwyn Davies, Dewi 'Chips' Williams, Fi, Gwyn Elfyn, Arwel Davies a Huw Tudur.

Sinderela, panto 2012. Fi, Sian Davies, Carys John, Christine Pritchard a Martyn Geraint.
Llun: Theatrau MG

Draw Dros y Don, panto 2013. Sioned Bessent, Sion Emyr, Ffion Glyn, fi a Martyn Geraint.
Llun: Theatrau MG

Fi fel y Capten Barti! (Mae fi YN Mr Emrys!)
Llun: Theatrau MG

Fy hoff lun o Liz ar Ynys Paxos, 1995.

Esiampl o hiwmor iach Liz.

Fy hoff lun o ni'n dau, maes awyr Mytilene, Ynys Lesvos.

Priodas Liz a finnau. O'r chwith: Hilda Ithall, Y Parch Huw Ithall, Liz, Fi, Irene Williams a'r Parch Cyril Williams.
Llun: Ann Lenny

Llun o'r plant yn dangos eu cymeriadau gwahanol o oed cynnar, 1996

Y Plant yn Balaclava Road.

Liz a'r plant y tu allan i Caerbryn, Balaclava Road.

Fy hoff lun ohonom fel teulu.
Llun: Arwyn Davies.

Rhian Morgan a fi gyda'n gilydd unwaith eto ar leoliad y gyfres gyntaf o *Gwaith Cartref*.

Fi fel Howard Peckham, athro gyrru yn y gyfres *Cowbois ac Injans*, 2006.

Alan Davies, fi a Nev Poole yn Lansdowne Road Dulyn, 1988, gyda'r arwydd gwydr Guinness!

Ioan Gruffudd, Ieuan Rhys a fi mewn noson wobrwyo BAFTA Cymru.

Ffion yn cael cyfle i gwrdd â Krazy Carl (Julian Lewis Jones) o'r gyfres *Stella* yn y *fanzone*, Cwpan Rygbi'r Byd 2015. Julian yn gwisgo crys De Affrica fel teyrnged i'w ran yn *Invictus*, (ffilm Clint Eastwood).

Teulu Emrys yn Cairo, yr Aifft, 2008.

Fi a fy mrawd ar achlysur ei ail briodas â Branwen ger Castell Carreg Cennen.

Sam a fi'n ymarfer rygbi ar barc y Rhath.

Y tad a'r mab. Gêm olaf Sam i CRICC yn Noc Penfro.

Sam yn derbyn tlws enillydd yng Ngŵyl Rygbi Llanilltud Faerdref oddi wrth Gareth 'Alfie' Thomas.

Gwyn Elfyn, William Gwyn, fi a Gareth Lewis, y parti 60 eto. Cefais neges fideo hyfryd wrth Ieuan Rhys a chast Panto Sheffield ar Facebook. Roedd Ieu methu bod gyda ni wrth reswm.

Dave Wall a fi yn fy mharti pen-blwydd yn 60.

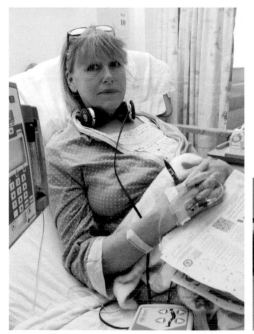

Dewrder Liz. Yn yr ysbyty yn derbyn un o'r llu o driniaethau a ddioddefodd oherwydd y cancr.

Gwên ddewr wedi iddi orfod torri ei gwallt ar gyfer triniaeth cemotherapi.

Y llun olaf ohona i a Liz gyda'n gilydd. Mae hwn yn adrodd cyfrolau.

Ffion yn graddio ym Mryste, Tachwedd 2015. Moment o falchder mawr i'w thad.

Fy hoff lun o Pippa, ci bach Meg a ddaeth yn dipyn o ffrind i'r teulu yn ystod salwch Liz. Roedd Liz yn meddwl y byd ohoni.

Prys Dafydd a fi yn y Stade De France, Paris.

William Gwyn, fi a Prys ym Mharis 1999, taith y bêl sgwash!

Prys, fi, Catrin Arwel a Billy White, The Famous Three Kings, Llundain. Newydd wylio cais Scott Williams yn helpu Cymru i faeddu Lloegr, 2012.

'Peint' yn Paris. Pan ddwedodd y gweinydd ei fod yn 'grande' doedd e ddim yn tynnu coes!

Eleri, fi a Helen Jones (Mathews). Roedd Helen yn dysgu gyda fi yng Nghaerffili cyn iddi ymuno â'r heddlu yn Llundain a minnau ymuno â chriw *Ffalabalam*. Wnaethom ni gyfarfod am ginio yn 2016.

Y Crys y Tymbl enwog a agorodd lifddorau i grysau rygbi Derek ar *Pobol y Cwm*!

mr. Emris

Llun ohona i gan un o blant annwyl Ysgol Gynradd Gymraeg Bronllwyn!

Fi yn gwisgo'r crys Llanelli a gefais gan Ray Gravell.

Llun: S4C

dynnu'n ôl yn ystod y cyfarfod, ond rown i wedi gwneud fy mhenderfyniad a doedd dim troi'n ôl i fod. Gobeithio i fi wneud rhyw fymryn o ddaioni yn ystod fy nghyfnod yno fel rhiant, cadeirydd a hyfforddwr. Hoffwn ddatgan fy ngwerthfawrogiad i bawb a oedd yn rhan o'r cyfnod hapus hwnnw. Fc fues i'n lwcus i gael rhannu eich cwmni.

PENNOD 20

Sláinte!!

DRWY DEITHIO GYDA Bois y Cwm a Chlwb Pêl-droed Cwmderi
fe gwympes mewn cariad ag Iwerddon, dinas Dulyn yn bennaf
ond hefyd ardaloedd Waterford a Galway. Dyna pam y cafodd
Ffion ni'r enw canol Erin, wrth gwrs. Un peth yn fy mywyd
rwy'n edifarhau yw na fues i draw yn yr Ynys Werdd gyda Liz.
Ym mis Mawrth 2015 ar ei 21ain pen-blwydd dymuniad Ffion
oedd mynd i Ddulyn am y penwythnos i ddathlu'r garreg filltir
arbennig honno. O'r diwedd dyma oedd fy nghyfle i rannu
'mhrofiade yn y ddinas honno gyda Liz ond yn anffodus roedd
y cancr erbyn hyn wedi cryfhau ei afael arni ac felly Ffion
a'i chariad ar y pryd, Ben, a finne aeth ar y trip. Roedd yn
cyd-daro â phenwythnos olaf pencampwriaeth y Chwe Gwlad
y flwyddyn honno ac fe gawson ni wledd o rygbi yn y Bar
Bruxelles yng nghanol y ddinas yn ogystal ag ambell beint o
win y gwan.

Roedd diweddglo'r bencampwriaeth yn gyffrous tu hwnt.
Cymru'n maeddu'r Eidal o 20-61. Pawb yn y bar yn Wyddelod
ar wahân i fi, Ben a Ffion a'r Gwyddelod yn bloeddio pan
sgoriodd Sarto gais i'r Eidal yn y funud olaf i leihau'r
gwahaniaeth pwyntie a gwneud tasg Iwerddon yn haws yng
Nghaeredin. Y Gwyddelod yn ennill y gêm honno o 10-40
ac yn codi uwchlaw Cymru. Draw wedyn am y gêm olaf yn
Twickenham lle'r oedd yn rhaid i Loegr faeddu Ffrainc a rhaid
oedd i'r bwlch fod yn 26 pwynt er mwyn iddyn nhw gipio'r
bencampwriaeth. Mewn gêm gyffrous iawn enillodd y Saeson

o 55-35. Doedd y gwahaniaeth pwyntie ddim yn ddigon ac felly coronwyd Iwerddon yn bencampwyr. Roedd y noson honno'n noson arbennig yn Nulyn.

Ar y dydd Sul roedd Ffion yn 21. Fe wnaethon grwydro'r Parc yn St Stephen's Green, siopa yng Nghanolfan Siopa Stephen's Green ac yna mynd nôl i westy'r Gresham yn O'Connell Street. Rown wedi bwcio bwrdd yn Brasserie Sixty6 ger Temple Bar. Yno, cawson ni groeso twymgalon a'r Wyddeles fwyaf hoffus yn gweini arnon ni. Yn ystod y dathlu, trwy wyrth 'face time' yr Apple iPhone, gallai Liz ymuno â ni. Doedd hi ddim yno'n gorfforol ond roedd yn rhan o'r dathlu. O na fuasai wedi bod yn ddigon iach i deithio y penwythnos hwnnw.

Ar y cyfan, penwythnos itha sedêt yn Nulyn oedd honna. Cafodd Ffion a Ben weld O'Donaghue's, Kehoes, Foleys a'r Lemwn Blewog (The Hairy Lemon) ac ambell dafarn neu glwb arall oedd yn adnabyddus i'w thad. Wrth gwrs, rown wedi bod yn mynychu nifer ohonyn nhw gyda chwmni tra gwahanol.

Cymerwch Bad Bobs yn Temple Bar. Yno aeth criw teledu RTE a bois Ffwtbol *Pobol y Cwm* ar nos Sadwrn wedi i ni chwarae gêm bêl-droed gyfeillgar yn eu herbyn yn y prynhawn. Roedd nifer o'n bois ni yn fechgyn sengl ar y pryd ac wrth gwrs Bad Bobs oedd y lle i fynd i chwilio am 'wejen' yn ôl bois RTE. Pan gerddon ni i mewn, roedd y lle'n pingo o ferched. Prin oedd yna fechgyn na dynion o gwbwl. Mae Ieuan Rhys yn hoffi ty atgoffa mae fy ngeirie cynta wrth gerdded i mewn oedd: "Bois! Mae fel siop losin 'ma!" Yn hwyrach y noson honno fe ddaeth yn glir mai rhyw fath o 'red-light-district' mewnol oedd Bad Bobs a bod enw'r lle'n agos iawn ati. Roedd grŵp roc yn chwarae y noson honno ac mae 'da fi rhyw frith gof o daflu fy nghrys atyn nhw a hwythe'n gwrthod ei roi yn ôl i fi tan ddiwedd y noson. Gwir neu gelwydd? Ta waeth yn 2015, roedd Bad Bobs yn llawer mwy parchus, yn amlwg wedi newid dwylo ond roedd yr enw'n goroesi.

Roedd yr Hairy Lemon, O'Donaghue's a Kehoe's yn llawn

dop, sy'n awgrymu eu bod yn dal yn boblogaidd. Tawel o'i gymharu oedd Foleys ond roedd y lle'n dra gwahanol i rywun nad oedd yn gwisgo 'sbectol cwrw'. Yn wir, roedd Dulyn yn byrlymu drwy'r penwythnos. Os nad ydych wedi bod ... ewch. Mae'n ddinas hyfryd, llawn hanes, diwylliant a bwyd a diod o'r radd flaena.

Un o'r tripie mwya cofiadwy oedd ymweliad Clwb Pêl-droed Cwmderi â Waterford yn 1992. Roedd bois *Pobol y Cwm* wedi chwarae gêm yn Aberystwyth yn erbyn y Frigâd Dân leol. Dwi ddim yn cofio pam ond roedd hon yn un o gême'r clwb wnes i ei cholli. Ta beth roedd bois Brigâd Dân Waterford yn ymweld ag Aberystwyth ar y pryd ac fe estynnwyd gwahoddiad i ni fynd mas i Waterford i herio tîm yr Orsaf Dân a'r Orsaf Radio leol. Cawsom groeso twymgalon gan aros mewn hen hwrdy. Bwyta mewn gwesty o'r enw The Reginald (Roedd Reginald ein hunain gyda ni wrth gwrs yng nghroen Huw Ceredig). Yn 1992 roedd Denmarc wedi sicrhau lle yng Nghystadleuaeth Pêl-droed Ewrop yn Sweden. Cafodd Denmarc ei lle yn y gystadleuaeth oherwydd cafodd Yugoslavia ei gwahardd. Yn 1992, dim ond wyth gwlad oedd yn y rowndiau terfynol ac fe wylion ni'r ffeinal yn y Reginald gan fwynhau gweld Denmarc yn maeddu'r Almaen a helpu'r perchennog i wacáu ei stoc o Guinness. Ar ôl y gêm fe ddechreuon ni ganu cymysgedd o ganeuon gwerin ac emynau ac wrth gwrs fersiwn amheus Huw Tudur o 'Bing Bong Be'! Roedd ymwelwyr o wledydd eraill yn y gwesty'n credu mai côr oedden ni. Cawsom sawl cais i ail ganu rhai caneuon a daeth y perchennog â sawl platied yn llawn danteithion aton ni. "We haven't ordered anything!" medde Gwyn Elfyn. "Oh, No, these are to say thanks for singing. Keep it going lads!" Rhyfeddod. Pe baen ni wedi dechrau canu mewn tafarn yng Nghaerdydd bydden ni wedi cael ein cico mas. A dyma ni mewn tafarn yn Waterford yn cael ein trin fel brenhinoedd. Wrth gwrs mae yna draddodiad o ganu *ad hoc* mewn tafarndai ledled yr Ynys Werdd. Ein hofferynne ni oedd ein lleisie.

Roedd Brigâd Dân Waterford wedi trefnu llety i ni yn y Maryland Hotel a'r perchennog yn ddyn diddorol a dweud y lleia. Roedd gan Vincent O'Toole wraig a meistres yn byw o dan yr un to ag ef, un ar y llawr canol a'r llall ar y llawr top. Roedd y bar yn agored tan orie mân y bore dim ond i chi lwyddo i gael Mr O'Toole i siarad neu ganu caneuon gwerin fel y dysges i a Phyl Harries un noson. Lle delfrydol i Fois y Cwm. Pan aethon ni mas i grwydro'r dre a chyfarfod â'r locals gwnaeth ambell ferch fach bert ddod aton ni i siarad. Wedi'r cyfan roedd ambell un ohonon ni'n ddigon golygus bryd hynny. Pan ddaethon nhw i wybod ein bod yn aros yn y Maryland fe ddiflannon nhw'n ddigon clou. Wrth holi rhagor o drigolion y dre cawsom wybod fod gan y gwesty enw drwg fel hwrdy. Yn ddiddorol, yn 2007 fe wnaeth Vincent O'Toole fynd â'r papur *Sunday World* yn Iwerddon i'r llys am enllib. Roedd y papur yn honni taw hwrdy oedd y gwesty. Er i Mr O'Toole ennill iawndal o 50,000 ewro, doedd e ddim yn hapus bod y swm mor isel. Dywedodd wrth ddisgrifio'r swm pitw o arian – "Sure, you'd just put it on a horse!"

Fe gawson ni ein trin fel brenhinoedd gan y Frigâd Dân yn Waterford. Fe aethon nhw â ni i Celtworld yn Tramore ac i ffatri wydr Waterford Crystal.

Celtworld ar y pryd oedd un o'r atynfeydd twristiaid mwya yn Iwerddon. Prif atyniad Celtworld oedd awditoriwm oedd yn troi, y theatr fwyaf o'i bath yn Ewrop ar y pryd ac ynddi gyflwyniade yn para rhyw hanner awr yr un. Ynddynt roedd effeithie gweledol yn cynnwys gwaith celf animeiddiedig, delwedde a gynhyrchwyd gan gyfrifiadur, gwaith laser, hologramau, ac animatroneg. Roedd pob troad o'r theatr yn arddangos un o'r chwe chyflwyniad, gan gynnwys amrywiaeth o gymeriade chwedlonol Iwerddon fel merch Noa, Tuatha Dé Danann, Tuan mac Cairill, Fomorians, Partholón, Lugh,

Balor, a Cú Chulainn. Câi ffigure hanesyddol fel Sant Padrig eu cynnwys hefyd.

Ar ôl sioe y theatr, câi ymwelwyr fynd i mewn i'r arddangosfa 'Arall Fyd' rhyngweithiol. Roedd yr ardal hon yn cynnwys coeden artiffisial gyda phenne dynol animatronig a'r rheiny'n siarad. Yn wir, hwn fydd y peth bydd y rhan fwya o griw Cwmderi'n ei gofio gan i un o'r penne ddechrau siarad â ni a gofyn mewn acen Wyddelig arallfydol, "Where's John Glyn? I'm looking for John Glyn." Roedd John ar y pryd yn un o awduron sgript *Pobol y Cwm*, tipyn o gymeriad ac yn aelod selog o'r tîm pêl-droed. Aeth ymlaen i actio ar y rhaglen deledu boblogaidd *Rownd a Rownd*. Rhaid ei fod wedi cael ei ysbrydoli gan y 'pen' yn Celtworld! Roedd rhai ohonom ni'n ddigon siarp i weld un o fois y Frigâd Dân yn cuddio y tu ôl i ryw gyrten mawr a meicroffon yn ei law. Tybed a wnaeth J G weld hynny? Trist iawn nodi fan hyn bod Celtworld wedi mynd i drafferthion ariannol ac fe gaeodd ei ddrysau yn 1995. Dim ond pentwr o rwbel sydd ar safle Celtworld bellach wedi iddo gael ei ddymchwel yn 2008.

Hanes tra gwahanol sydd i weithfeydd gwydr crisial byd-enwog Waterford. Roedd yn fraint cael ein tywys drwy'r ffatri a gweld y broses o greu a'r gwaith gorffenedig yn y siop ar ddiwedd y daith. I fi y peth mwyaf anhygoel oedd y siandelîr anferth a phob darn ohoni wedi'i wneud mas o wydr crisial Waterford. Rwy'n cofio i fi brynu potel bersawr i Liz yn anrheg, yr unig beth y gallwn ei fforddio ar y pryd.

Chwarae teg fe gawsom anrheg gwerthfawr gan y Frigâd Dân – fas wydr crisial Waterford i'w rhoi yn y cabinet arddangos ger stiwdio *Pobol y Cwm* yn Llandaf. Fel ein capten, Gwyn Elfyn oedd yn gofalu am y tlws arbennig hwnnw. Pan aeth Gwyn i'r tŷ bach fe dynnodd un o'r bois y fas mas o'r bocs a rhoi dwy botel wydr wag Lucozade yn ei lle. Wrth i Gwyn gerdded yn ôl i'r ystafell câi'r bocs ei dowlu rownd yr ystafell fel pêl rygbi tan i un o'r bois ei ollwng. Roedd sŵn y gwydr yn torri yn amlwg i bawb.

"O! 'Na fe! Chi'n hapus nawr. Idiots bob un ohonoch chi. Chi'n sylweddoli beth oedd gwerth honna?"

Roedd wyneb Gwyn wrth i Huw Ceredig dynnu'r fas o'r tu ôl i gyrtens lolfa'r Maryland yn bictiwr. Dim yn aml mae rhywun yn cael y gore ar Gwyn. Ro'dd hon yn foment i'w thrysori felly.

Ond y foment fwyaf doniol i fi oedd pan sylweddolodd Phyl Harries fod tri dyn enwog iawn yng nghlwb nos Y Reginald un noson. Roedd twrnament snwcer rhyngwladol yn cael ei gynnal yn ymyl Waterford ac yno yn ein mysg roedd Willie Thorne, Cliff Thorburn a Dennis Taylor. Martsiodd Phyl lan atyn nhw a dweud yn uchel wrth Cliff Thorburn, "Clive, you're my wife's favourite player!" Roedd gan Phyl y ddawn arbennig o wneud *faux pas*. Roedd yn f'atgoffa i a Ieuan Rhys o Peter Glaze, y comediwr annwyl ar *Crackerjack* ers talwm. Gan fod Phyl yr un mor dalentog â'r gŵr hwnnw mae'n fy synnu nad yw i'w weld yn amlach ar S4C. Dyn annwyl a dawnus tu hwnt. Diolch amdanat Phyl.

Fe wna i nodi fan hyn fod tîm y Cwm wedi ennill y gêm yn Waterford, nid bod hynny'n bwysig gan i ni gael amser arbennig yno. Cystal amser fel y trefnon ni fynd yn ôl yno yn 1995. Doedd hwnnw ddim cystal trip â'r un cynta. Maen nhw'n dweud na ddylid ceisio ail-greu profiad ac yn yr achos hwn, mae'r dywediad yn hollol gywir.

Fe arhoson ni yn Y Maryland unwaith eto, lle roedd y matresi ym mhob ystafell mor denau fel bo dyn yn gallu teimlo'r sbrings drwyddynt. Yn wir roedd y sbrings wedi torri drwy'r fatras mewn ambell 'stafell ac wedi crafu croen y truan oedd yn cysgu yno. Roedd Vincent O'Toole yn dal i gadw'r bar ar agor tan yr orie mân. Cawsom groeso ar ôl y gêm yn y clwb pêl-droed lle roedd yna ddisgo a grŵp yn perfformio. Ceisies ganu un o ganeuon Rod Stewart a John Glyn wnaeth f'achub wedi i fi anghofio geirie 'Maggie May'. Ond adferes fy hunan barch y noson wedyn wrth i fi ymuno â grŵp gwerin yn Y Maryland a chanu fersiwn acwstig o 'Honky Tonk Women' gan y Rolling Stones.

Chwarae yn erbyn tîm RTE, gorsaf ddarlledu enwoca Iwerddon roedden ni. Anghofia i fyth yr esiampl o 'dawelwch perffaith'. Roedd Cadfan Roberts wedi prynu darn arian ffug a fydde'n ffrwydro wrth i rywun ei godi o'r llawr neu oddi ar wyneb y bwrdd. Penderfynodd Cadfan osod y tric ar fwrdd yn O'Donaghue's. Cofiwch fod hyn adeg y trafferthion yng ngogledd Iwerddon.

Fe godais y darn gan gredu ei fod yn ddarn arian go iawn ac fe atseiniodd y 'Bang' mwyaf rownd y lle. Wel, fe stopiodd yr holl siarad yn y bar cefn a'r bar blaen. Tawelwch perffaith. Gwyn Elfyn oedd y cyntaf i siarad drwy roi stŵr i Cadfan. Rwy'n credu iddo alw Cadfan yn enw bach eithaf drwg ac roedd e'n ei haeddu wrth gwrs.

Un annwyl yw Cadfan. Mae ganddo stôr o straeon anghredadwy ac mae e wedi'n difyrru'n gyson ar hyd y blynyddoedd wrth eu hadrodd. Fydde fe byth yn niweidio neb, er bod ganddo'r ddawn o wneud pethe heb feddwl – rhywbeth yn debyg i fi a gweud y gwir. Yr un prynhawn, fe benderfynodd pawb chwarae'r gêm yfed 'Names Of'. Mynd rownd mewn cylch yn enwi pobl neu bethe'n nhrefn yr wyddor. Pan ddaeth hi'n amser 'ffrwythe' a'r llythyren 'T', fe floeddiodd Huw Tudur 'Tomato' nerth ei ben. Bostiodd pawb mas i chwerthin ac fe gosbodd Gwyn Elfyn fe drwy ofyn iddo orffen ei beint. Fe brotestiodd Huw am weddill y daith. "Ma' fe yn! Ma' fe yn ff**in ffrwyth!" Falle bydde fe wedi bod yn well i Huw se fe wedi derbyn y gosb ychydig yn dawelach. Un bach swnllyd yw Huw ac mae'n cael ei adnabod fel Nobby Tomato hyd heddi ymysg fy ffrindie agos. Wrth gwrs, mae Tomato yn ffrwyth, er fydde neb yn ei roi mewn salad ffrwythe chwaith.

Dyma'r achlysur pan gafodd Prys Dafydd enw arall yn ogystal. Yn y rownd ar 'awduron' (unwaith eto ar y llythyren 'T'), "Tomos!" gwaeddodd Prys. "Pu'n un?" gofynnodd Gwyn. "Ben," atebodd Prys. "Gorffen dy beint!" Ben Tomos yw Prys i'r cylch agos o ffrindie hyd heddiw hefyd. Rwy'n cofio Prys yn troi lan rhyw dro i ymarfer pêl-droed neu achlysur cymdeithasol arall a llyfr yn ei law. Rhywbeth gan ryw awdur o'r enw Ben Thomas. Llyfr welodd Prys mewn siop llyfre ail law sbo, felly, oedd Prys yn iawn fel mae'n digwydd. Pam na alle fe fod wedi gweud Dylan, wna i fyth wybod. Bydd pawb yn tynnu coes Prys ar dripie ei fod yn ddarllenwr mawr. Mae'n wir, os nad oes ganddo lyfr neu bapur newydd, fe fydd Prys yn hapus yn darllen taflenni twristiaeth mewn gwestai. Ond mae'n gwmni gwych ac rwy wedi bod yn ddigon ffodus i fwynhau ei gwmni ar sawl trip erbyn hyn. Yn wir, mae William Gwyn, Prys, Rob Nicholls a finne'n aelode selog o'r clwb 'teithio i Glwb Rygbi Cymry Llundain' bob yn ail flwyddyn erbyn hyn. Ie Billy White a Ben Tomos. Ffrindie da, yn ddiddadl.

Ar y ffordd adre o'r trip hwnnw bu bron i ni golli un o ffans *Pobol y Cwm*. Hoff gymeriad y ferch oedd Rod 'The Plod', plisman Cwmderi a gâi ei bortreadu gan Geraint Owen. Crwtyn hoffus iawn oedd Ger a fu farw ychydig flynyddoedd yn ôl yn llawer rhy ifanc. Ces y fraint a'r anrhydedd gyda Ieuan Rhys o fod yn gludwr yn ei angladd. Rwy'n cofio i'r Parchedig Eirian Wyn nodi fy mod yn gwisgo cyfflincs Cardiff City a Ger yn ffan mawr o'r Swans. Dywedes wrth Eirian, sy hefyd yn ddilynwr brwd o dîm Abertawe, y bydde Ger yn deall y rheswm pam rown i'n eu gwisgo.

Ta waeth, roedd Geraint wedi yfed tipyn bach ar y fferi, fel ni i gyd, ond roedd e, pŵr dab, wedi'i dala hi, ys dywed y bois. Daeth y ferch ato fe a gofyn am lofnod ond er mawr siom iddi hi dywedodd wrthi'n swrth ble i fynd gan ei fod e wedi meddwi. Ciw Glan Davies a John Glyn i ymyrryd wrth i'r ddau ei sicrhau nad fel hyn fydde Geraint fel arfer ac fe lwyddon ni gael llun o Geraint wedi'i lofnodi iddi. Bydde gan Glan stôr o baraffernalia *Pobol y Cwm* yn ei fag bob amser.

Peth arall nodweddiadol am Geraint oedd ei fod yn ofalus tu hwnt o'r ffordd y bydde'n edrych, pob blewyn o'i wallt yn ei le ac yn gwisgo dillad 'designer' bob amser. Bydde'n denu merched fel clêr i bot jam. Pan wnaeth criw ohonon ni gytuno i helpu Cadfan Roberts symud llwyth o sment rhyw dro, fe ddaeth Geraint yno'n gwisgo chinos, brogues, crys a thei. Wir dduw! Gyda llaw, Cadfan, wy'n dal i aros am y peint 'na am dy helpu di'r diwrnod hwnnw.

Prif wendid Geraint oedd cadw amser. Pan fyddwn i'n trefnu bysus clwb ffwtbol *Pobol y Cwm* byddwn bob amser yn dweud wrth Geraint bod y bws yn gadael hanner awr cyn yr amser byddwn yn dweud wrth bawb arall. Cafodd y llysenw 'Glyndŵr' 'da'r bois, yn dilyn *catchphrase* un o gymeriade comedi Rhian Morgan, 'You're living in a dream world, Glyndŵr!' Cymeriad heb os. Diolch am gael ei adnabod.

Bydda i'n cofio'r trip i Galway am i fi dorri clawr piano yn y gwesty lle roedden ni'n aros. Wedi chwarae'r gêm a chael hwyl yn y tafarndai, roedd yn amser am tipyn o Gymanfa. Roedd y piano ar glo. Tamed bach yn stiff rown i'n meddwl ac fe agores y clawr yn hawdd. William Gwyn wnaeth sylwi 'mod i wedi torri'r caead. Wir, dwi ddim yn fandal, down i ddim wedi bwriadu difrodi'r piano. Roedd yn hawdd rhoi'r clo nôl yn ei le ta beth.

Soniodd Huw Ceredig yn ei hunangofiant iddo ofalu am Ioan Gruffudd ar y trip hwnnw. A gweud y gwir gwnaeth Ioan jobyn go dda o edrych ar ein holau ni ar sawl trip. Dywedodd mam Ioan wrtha i ryw dro ei bod yn ddiolchgar 'mod i wedi edrych ar ei ôl ar y tripie pêl-droed. Atebes drwy ddweud wrthi na fydde'n diolch i fi pe bai hi'n gwybod beth roedd yn digwydd ar y tripie 'ma. Dywedodd ei bod yn gwbod yn iawn ond yn falch mai gyda ni y cafodd Ioan y profiade a nage gyda rhyw griw arall o rapsgaliwns.

Ar y ffordd nôl o Galway fe arhoson ni mewn rhyw dafarn fach sinc ger Kildare. Dyma lle daeth Martyn Geraint i amlygrwydd. Gwleidydd ddyle Martyn fod, achos mae ganddo'r ddawn i ddweud y pethe mwya dwl weithie. Pan ddywedodd perchennog y dafarn sinc wrthon ni ein bod yn Kildare, medde Martyn, "What? As in Doctor?" Ond heb os y peth mwya doniol oedd i ddau ffarmwr lleol, a dim ond un dant oedd 'da nhw rhyngddynt, ddweud wrth Glan Davies i wneud ei hunan yn gyfforddus wrth y bwrdd ger y ffenest. Pan golapsiodd y gadair oddi tano a'i adael fel pyped heb linyn yn swp yn erbyn y wal a'i sbectol fel Eric Morecambe ar ei wyneb, fe dorrodd pawb mas i wherthin, gan gynnwys Glan hefyd, whare teg iddo.

Ar y ffordd gatre i Gaerdydd roedd amser 'da ni i dreulio peth amser yn Nulyn cyn dal y fferi, felly bant â ni'n syth i O'Donoghues. Yno fe gwrddon ni â theulu bach ar eu gwyliau o'r Ariannin. Cyflwynodd y tad ei hunan fel Diego. Ciw Martyn Geraint: 'What? As in Maradona?'

Stori arall gofiadwy o'r trip hwnnw oedd y daith gatre ar y fferi. I ddechrau roedd grŵp yn canu yn lolfa'r llong. Wrth iddyn nhw ddechre canu 'Living Next Door To Alice' gan y grŵp Smokie, penderfynodd y bois ganu fersiwn Chubby Brown. Bloeddio'r gytgan 'Who the f**k is Alice' dros bob man. Roedd y mwyafrif o'n cyd-deithwyr ar y llong yn fwy na bodlon ymuno â ni a chyn bo hir roedd y lolfa'n morio canu. Pawb yn joio mas draw. Wrth i'r grŵp ofyn a oedd rhywun eisie clywed cân arbennig, fe floeddies arnyn nhw ganu 'Alice' unwaith 'to. "'There's proof that Snow White did sleep with Dopey!" oedd ateb y canwr. Fe darodd yr hoelen ar ei phen a gwnaeth y bois f'atgoffa o hynny yr holl ffordd nôl i Gaerdydd. Roedd Glan Davies yn arbennig wedi mwynhau'r foment fach honno, er mwyn talu'r pwyth yn ôl am 'stynt' y gadair yn Kildare, mae'n siŵr 'da fi.

Pennod 21

Y Bigger Bang

Yn 2006 ces alwad i fynd i weld Gareth Rowlands, cynhyrchydd *Pobol y Cwm* ar y pryd. Roedd hi tua'r amser hynny o'r flwyddyn pan fydde cytundebau'n cael eu hadnewyddu. Wrth gamu drwy'r drws, rown i'n synhwyro nad oedd y newyddion y flwyddyn honno'n mynd i blesio. Yn wir, aeth Gareth ati i esbonio nad oedd fy nghytundeb yn cael ei adnewyddu a bod fy nghymeriad yn cael ei ddileu o'r gyfres. Esboniodd y bydde Derek yn cael stori fawr i adael. Rwy'n siŵr bydd rhai'n cofio i Derek dampran gyda brêcs bws mini'r Clwb Rygbi ac achosi damwain wnaeth niwed difrifol i Jason, mab Dianne. Dywedodd Gareth wrtha i y bydde Derek yn cael ei garcharu am gyfnod eitha hir ac na allai ddweud a fydde Derek yn dod nôl i Gwmderi am y bydde fe wedi gadael ei swydd erbyn hynny ta beth. Dwi eisie diolch i Gareth yn y fan yma am ei onestrwydd ac am ddweud yn blaen beth oedd yn digwydd i'r cymeriad ac i finne wrth gwrs. Nid yw pob cynhyrchydd mor onest.

Es lawr i'r Stafell Werdd a dweud wrth fy ffrindie agos yn y cast 'mod i'n gadael y rhaglen. Roedd Gwyn a Gareth yn credu 'mod i'n tynnu eu coes a phan sylweddolon nhw'r gwir, roedd y sioc i'w weld yn eglur ar eu hwynebe. Roedd Derek wedi bod yn aelod o'r cast cyhyd, roedd yn anodd gan fy nghyd-actorion gredu 'mod i'n gadael. Wrth gwrs, y rhaglen ddyle gael y flaenoriaeth bob amser gan fod actorion yn mynd a dod yn gyson. Nid fi oedd y cynta i adael Cwmderi ac yn sicr nage fi fydde'r ola.

Roedd dweud wrth Liz yn un o'r pethe mwya anodd i fi orfod gwneud, achos roedd yn golygu y bydde newid byd arnon ni fel teulu. Roedd gweithio i'r BBC yn golygu arian cyson, yn wir, gweithio ar opera sebon yw'r peth agosa alle actor ei gael i jobyn naw tan bump. Gwenodd Liz, y wên anhygoel yna dwi'n gweld ei heisie bob dydd. "You've had a good run. You'll find something else. Don't worry. We'll be fine!" Sut ar y ddaear lwyddes i fachu'r groten, dwi ddim yn gwbod. Fydde Liz ddim yn gadael i unrhyw beth ei gwneud hi'n ddiflas, wastad yn dal gwydr hanner llawn. Fe roeson ni'n cartref ar werth er mwyn ysgafnhau'r baich ariannol ac roedden ni'n lwcus bod y farchnad gwerthu tai yn iach iawn ar y pryd, er iddi hi fod yn agos at flwyddyn cyn i ni symud i gartre newydd.

Fe ddaeth fy nghyfnod yng Nghwmderi i ben ddechre'r haf ac yn y cyfamser rown wedi cael gwrandawiad gyda Gareth Bryn am ran mewn pennod o'r gyfres ddrama gomedi, *Cowbois ac Injans* yn chwarae Howard Peckham, athro gyrru. Roedd pethe'n argoeli'n dda, gadael un gyfres a chael gwaith yn syth. Ddiwedd yr haf rown yn gweithio ar *Cowbois* gyda Simon Fisher, Rhodri Evan, Geraint Todd, Manon Eames a Janet Aethwy. Ces gyfle i weithio gyda Rhys ap William unwaith eto ac ar ben hyn oll es â Liz a'r plant i weld y Rolling Stones yn Stadiwm Y Mileniwm. Taith y Bigger Bang. Bues i'n lwcus i gael eu gweld ar eu Taith Urban Jungle yn 1990 hefyd, gyda Liz, Alun ac Ann Lenny. Bydde'r Stones bob amser yn darparu sioe dda yn ogystal â chanu pwerus. Chawson ni mo'n siomi yn 2006 a'r sioe honno oedd uchafbwynt y flwyddyn i ni.

Ond fe ddechreuodd pethe fynd o chwith yn eitha cyflym, wedi hynny. Wedi gorffen *Cowbois* fe ges hi'n anodd dod o hyd i waith er i fi ymuno ag asiantaeth. Wedi gwerthu'r tŷ yn Tŷ Draw Road rhois gynnig am dŷ yn Marionville Gardens yn ardal y Tyllgoed yng Nghaerdydd. Roedd gwraig yn gwerthu'r tŷ ar ran ei mam. Cafodd ein cynnig ei dderbyn ond yna fe ddechreuodd y gwerthwr chwarae whic wew gyda ni ac ar ôl wythnose o rwystredigaeth fe gollon ni'n hamynedd a phenderfynu peidio â'i brynu.

Fe roeson ni'r arian gawson ni am werthiant Nantllwyd yn y banc ac aethon ni i fyw mewn fflat un stafell wely yn Adventurer's Quay yn y Bae yng Nghaerdydd. Enwon ni'n cartre yn Tŷ Draw Road ar ôl fferm y bechgyn fydde'n gofalu am Soar y Mynydd. Roedd y plant wrth eu boddau'n byw yn y Bae a'r ddau wedi adeiladu bobo ffau iddyn nhw eu hunen yn yr unig ystafell fyw drwy ddefnyddio rheiliau dillad a blancedi. Roedd enw'r bloc o fflatie'n gweddu'n berffaith mor belled ag roedd Sam a Ffion yn bod.

Dechreues weithio yn yr Amgueddfa Werin yn Sain Ffagan ar ddechrau'r Gwanwyn yn 2007. Roedd Haf 2007 yn haf gwlyb iawn ac fe ges gyfle yn Sain Ffagan i ddarllen llawer o nofele a gwneud llawer iawn o ffrindie newydd hefyd. Roedd hi'n deimlad rhyfedd iawn gweithio fel gofalwr ar ôl actio'n gyson am gymaint o flynyddoedd ond yn raddol fe ddes i fwynhau yno ar ôl derbyn bod actorion di-waith yn gorfod gwneud llawer peth gwaeth i gadw dau ben llinyn ynghyd. Wrth gwrs, fe ges gyfle euraidd i ddefnyddio fy nawn cyfathrebu gan y byddwn yn delio'n feunyddiol gyda'r cyhoedd.

Bydde pob shifft yn Sain Ffagan yn dechrau am 10 y bore ac yn gorffen am 4 y pnawn. Fydde dim gormod o draffig ar yr hewl ar yr amseroedd hynny felly roedd teithio i'r gwaith yn bleserus dros ben. Yn ystod pob shifft byddwn yn gofalu am dri gwahanol adeilad tra bydde'r gofalwyr llawn amser yn mynd am eu coffi boreol, cinio a the yn y prynhawn. Bydde'r prif ofalwr yn rhoi rhestr o'n dyletswydde i ni bob bore.

Llainfadyn oedd fy ffefryn yn ddiddadl. Bydde tân wedi'i gynnau bob amser ym mhob bwthyn neu dŷ. Pan fydde hi'n arllwys y glaw roedd eistedd ger y tân a llyfr i'w ddarllen yn rhyw fath o nefoedd ar y ddaear. Rown i'n casáu Bwthyn Nantwallter. Tân mawn a gâi ei gynnau yn y fan honno a doedd y simne ddim yn arbennig o effeithiol, felly bydde'r lle'n llawn mwg bron drwy'r adeg.

Fe ges y pleser o gyfarfod â nifer o bobol hyfryd yno sydd wedi aros yn ffrindie, yn enwedig ar Facebook. Alcwyn, mab hyna Gwynfor Evans yn un, gŵr hynod o annwyl a Chymro i'r carn. Yn rhyfedd, dwi wedi gweithio gyda mab hyna Gwynfor a'r ifanca felly, er rown i'n nabod Rhys ers dyddie ysgol. Pan own i yn Llanymddyfri roedd ynte'n ddisgybl yn Ysgol Pantycelyn. Wrth weithio yn Sain Ffagan hefyd des i adnabod Elin Siân Blake, sydd bellach yn arlunydd proffesiynol. Mae ei gwaith yn arbennig iawn, a dim ond i chi chwilio amdani ar Google, chewch chi mo'ch siomi. Ar ben hynny mae'n groten annwyl dros ben. Dwi ddim am enwi pawb, rhag ofn i fi anghofio rhywun, ond rhaid dweud, fe werthfawroges y cwmni a'r cyfeillgarwch yno.

Yn ystod fy nghyfnod yn yr amgueddfa roedd y gwaith ar eglwys Sant Teilo yn dod i ben. Codwyd yr eglwys yn wreiddiol ar lecyn yn edrych dros aber y Llwchwr, Pontarddulais, ac fe'i hadeiladwyd mewn camau rhwng tua 1100 i 1520 OC. Yna, symudwyd hi garreg wrth garreg i Sain Ffagan dros gyfnod o 20 mlynedd. Wrth ei symud daethpwyd o hyd i sawl ffresgo anhygoel a thrwy hyn dod i ddeall bod yr eglwys ar un adeg yn ei hanes wedi bod yn eglwys Gatholig. Tra own i yno, cyflogodd yr amgueddfa gwmni i ail-greu ffresgo ar walie'r adeilad i adlewyrchu'r cyfnod hwnnw. Ces sawl sgwrs gyda'r peintwyr a deall eu bod wedi paentio sawl murlun yn yr Aifft hefyd. Buont i mewn ym Mhyramid Mawr Cheops yn Cairo yn 2008 ond galla i gredu bod paentio yn Sain Ffagan yn llawer mwy cyffyrddus na pheintio ym meddrodau'r Pharoaid yn yr Aifft. Nid yn aml y bydd rhywun yn cael y profiad o weld prosiect fel hwn yn datblygu.

Yn ystod fy nghyfnod fel gofalwr yno fe symudon ni o'r Bac. Ym mis Awst, 2007, fe welson ni dŷ yng Nghyncoed oedd yn ein plesio ni fel teulu ac fe symudon i mewn iddo'n gyflym iawn gan iddo fod yn wag ers blwyddyn. Digwyddodd hyn mewn cyfnod difyr iawn gan fod Derek yn cael ei ryddhau o'r carchar a Denzil a Meic yn ei argyhoeddi ei bod hi'n iawn iddo ddod nôl i'r Cwm. Felly roedd Hywel Emrys yn dychwelyd i gast *Pobol y Cwm*. Yn ystod y cyfnod mas o'r rhaglen fe ddilynes gwrs ar ysgrifennu sgriptie i'r gyfres, diolch i Lowri Pritchard (Tîtsh) ac i Catrin Evans. Allen i ddim bod wedi cael gwell athrawon, na rhai pertach chwaith. Ces hwyl ar y sgrifennu a derbynies ganmoliaeth oddi wrth Lowri am y gwaith a gyflwynes.

Yn ystod fy wythnos gyntaf nôl yn y BBC daeth un o'm ffrindie o'r adran sgriptie ataf a gofyn sut roedden i'n teimlo bod y cynhyrchydd newydd yn ystyried lladd y cymeriad. Rhaid dweud bod hyn wedi dod yn dipyn o sioc i fi gan nad oedd y posibilrwydd wedi cael ei grybwyll o gwbwl pan ofynnwyd i fi a oedd diddordeb gen i ddod nôl i'r rhaglen. Fe es at Ynyr Williams fore trannoeth a gofyn iddo a oedd yn wir ei fod yn ystyried lladd Derek. Yr ateb ges i oedd, "Wna i adael i ti wybod mewn wythnos." Roedd yn ystyried felly. Oni fyddai "Paid bod yn wirion. O ble gest ti'r syniad yna?" wedi bod yn atebion i'r cwestiwn fel arall? Ta waeth, ces gyfarfod gyda Ynyr ar ôl wythnos ac fe ddywedodd wrtha i: "Y newyddion drwg yw nad ydyn ni'n mynd i dy ddefnyddio di fel awdur. Y newyddion da yw fod y cymeriad yn parhau yn fyw yn y gyfres." Mae e'n fyw, wrth gwrs, yn Romania! Wel, yno roedd e pan ddaeth e nôl i angladd Denzil, ta beth.

Yn 2009 roedd Cymru'n cael ei chynnwys fel rhan o arddangosfa blynyddol Y Smithsonian yn Washington UDA a Liz yn gorfod mynd mas yno i weithio am dair wythnos. Roedd yn gyfle euraidd i finne a'r plant i fynd mas i ymuno â hi a mynd i Efrog Newydd a Niagara, efalle. Fe ofynnes am ganiatâd i gael fy ryddhau o'r cytundeb am gyfnod o wylie yn ôl y drefn. Dyna pryd galwyd fi i mewn i swyddfa Ynyr ac iddo ddweud nad oedden nhw'n adnewyddu fy nghytundeb beth bynnag. Roedd hyn yn siom ac ar y pryd doedd dim modd cyfiawnhau'r gost o fynd allan i ymuno â Liz wedi'r cyfan. Wrth ystyried beth sydd wedi digwydd ers hynny, rwy'n difaru peidio â gwneud. Bydde'r profiad wedi bod yn un gwerthfawr iawn i'r plant, yn arbennig o ystyried y bydde ganddyn nhw atgof unigryw o'u mam wedi i ni ei cholli.

Dwi ddim yn dal dig bellach at Ynyr, ond yn fy marn i wnaeth e ddim cystel jobyn o drosglwyddo newyddion drwg ag a wnaeth Gareth Rowlands. Wnaeth e ddim argraff dda arna i wrth iddo ddweud wrth y cast am beidio newid dim ar y sgriptie gan ei fod wedi'u darllen a'u bod, yn ei farn e, yn berffaith. Esiampl annisgwyl o ryfyg na welais mewn un o'r cynhyrchwyr eraill y bues i'n gweithio gyda nhw. Yn ystod fy holl gyfnod yn y Cwm bydde angen newidiade bach tafodieithol yma a thraw yn amal, gan y bydde ambell awdur yn dod o'r Gogledd a hefyd newid ambell beth nad oedd cweit yn siwtio naws y cymeriad. Wedi'r cyfan, sneb yn adnabod y cymeriad mewn sebon yn well na'r actor sy'n ei chwarae ac wedi'i chwarae ers blynyddoedd lawer.

Tra oedd Liz yn America, fe recordies olygfeydd yn Nhredegar gyda Vicky Plucknett. Diwrnod priodas Dai Sgaffalde a Dianne oedd hi a Derek yn chwarel Craig yr Hendre yn barod i gyflawni hunanladdiad. Er ei bod yng nghanol yr haf roedd yn ddiwrnod oer a gwlyb. Tywydd perffaith fel cefndir i'r stori ond anodd iawn i actorion. Does gen i ddim dowt mai marwolaeth oedd tynged Derek i fod ar Graig yr Hendre yn y stori wreiddiol, ond newidiwyd hi i gyfnod yn yr ysbyty a chyfnod chwerw ym mherthynas Derek a Dai. Diolch fan yma i Vicky, am wneud y diwrnod hwnnw yn un llwyddiannus dros ben. Mae Vicky yn actores benigamp ac yn berson annwyl. Rwy'n ei chofio hi'n ferch ifanc yn mynd i gartref Emily Davies yn Y Sgeti, Abertawe pan own i'n aros gydag Aled a Huw. Pwy fydde'n meddwl bryd hynny y bydden ni'n actio gyda'n gilydd ar raglen fwyaf poblogaidd Cymru. Yn bersonol, teimlaf i fi berfformio fy ngwaith actio gore ar y lleoliad hwnnw. Yn sicr fe wnes argraff ar Tom Guy y rheolwr llawr a Gwyn Hughes Jones oedd yn cyfarwyddo ac rown i'n falch o hynny.

Ces sawl blwyddyn hapus yn *Pobol y Cwm* a dwi'n ddiolchgar am hynny. Mae wedi bod yn fraint ac yn anrhydedd cael gweithio gyda chi i gyd, pob wyn jac!

Hoffi Dysgu?
O, Nag wyt ddim!

WEDI GADAEL *POBOL y Cwm* roedd gwaith actio'n anodd i'w gael. Roedd diffyg profiad llwyfan efalle'n anfantais mawr ac er i fi weithio gyda Martyn Geraint ar ddau Banto, roedd cyflenwi fel athro cynradd yn help mawr yn ariannol i ni fel teulu.

Yn anffodus wnes i ddim ymserchu yn y byd addysg yn ystod fy nghyfnod fel athro cyflenwi. Roedd yn rhaid i fi ymuno â nifer o asiantaethe dysgu er mwyn sicrhau gwaith, a gwnaeth y profiad i fi sylweddoli pa mor annheg yw'r holl system. Mae asiantaethe yn gwneud ffortiwn ar draul athrawon. Ces wybod gan un ysgol, lle'r own yn gweithio, eu bod yn talu hyd at £160 o bunnoedd y diwrnod am athrawon cyflenwi. Rhwng £80 a £85 y byddwn i'n ei dderbyn ar gyfartaledd sy'n golygu bod yr asiantaeth yn pocedi'n agos at 50% o arian yr ysgolion. Pa obaith sydd gan athrawon ifanc newydd adael coleg i ennill bywoliaeth?

Rhaid dweud bod athrawon yn cael eu trin yn wahanol gan wahanol asiantaethe hefyd. Fe brofais y gorau a'r gwaetha yn fy nghyfnod fel athro cyflenwi. Un o'r goreuon oedd New Directions Education a braf clywed mai nhw gafodd y cytundeb parhaol gan adran addysg y Senedd. Os oes rhaid wrth asiantaeth, New Directions amdani. Ces fy nhrin fel person proffesiynol ganddyn nhw a bues i'n fwy na lwcus i fod dan ofal Dafydd Henry a Charlotte Newman Ford. Nid own i'n ffitio'n gyffyrddus mewn rhai ysgolion am nad oedd y cemeg yn iawn rhwng y prifathro neu'r brifathrawes a finne. Bydde dweud wrth Dafydd neu Charlotte yn ddigon a fydde dim rhaid mynd nôl i'r ysgol honno wedyn.

Gwyddwn fy mod yn gwneud gwaith da ac yn cael fy ngwerthfawrogi gan nifer o ysgolion. Hoffwn ddatgan fy niolch yn y fan yma i Ysgol Gymraeg Bronllwyn, Ysgol Gymraeg Pont Siôn Norton, Ysgol Gymraeg Y Ffin, Ysgol Gymraeg Aberdâr, Ysgol Gymraeg Melin Gruffudd, Ysgol Heol Y Celyn ac Ysgol Gymraeg Bro Eirwg am eu croeso twymgalon bob amser. Yn wir, roedd dysgu yn yr ysgolion hyn bob amser yn bleser. Yn anffodus bues yn dysgu mewn ysgolion lle nad oedd parch tuag at athrawon cyflenwi a gwelwn y dylanwad a gâi athrawon di-fflach ar ddosbarthiade. Yn y dosbarthiade hynny tasge diddychymyg y disgwylid i fi eu rhoi i'r disgyblion wrth gyflenwi a gwaith llafurus felly oedd bod yn yr ysgolion hynny – tasge fel ysgrifennu llythyr yn diolch am wahoddiad i barti yn y Gymraeg un diwrnod ac arolygu'r un dasg drannoeth yn y Saesneg.

Ces alwad ffôn un bore oddi wrth Ann Davies, prif weithredwr Cwmni Bay Resourcing. Dywedodd fod yn rhaid i fi adael yr asiantaeth gan ei bod wedi derbyn cwyn amdana i oddi wrth bennaeth ysgol. Rown i wedi bod yn yr ysgol honno am ugain niwrnod o leia ar wahanol adege ac wedi derbyn canmoliaeth am y ffordd rown i'n cydweithio gyda'r plant a'r athrawon. Yr hyn a wnes i oedd ceryddu bachgen ar lafar am ymddygiad na allwn ei ganiatáu yn fy nosbarth. Cwynodd rhiant y crwt wrth y prifathro a'i ymateb ef oedd cael gwared arna i oddi ar restr cyflenwi'r ysgol. Oni ddylai prifathro gefnogi ei staff, boed yn staff parhaol neu dros dro? Ches i ddim cyfle i esbonio ganddo.

I roi'r halen yn y briw fe benderfynodd Ann Davies gysylltu â'r GTCW a'm cyhuddo o gamymddygiad proffesiynol. Pan dderbynies becyn drwy'r post oddi wrth y GTCW yn amlinellu'r gŵyn amdana i ac yn datgan eu bwriad i'm herlyn, ni allwn gredu'r peth. Cael fy erlyn am roi cerydd i blentyn am ymddygiad hollol annerbyniol ganddo na allai yr un athro ei ganiatáu yn y dosbarth. Roedd yn amlwg bod corff proffesiynol athrawon yn derbyn gair yr asiantaeth ac yn anwybyddu tystiolaeth a gair yr athro. Bu'n rhaid aros am bum mis cyn cael ymateb gan y GTCW, 'No Case To Answer.' Er i nifer geisio fy argyhoeddi na fydde dim yn deillio o'r cyhuddiad, eto bu fel rhyw gleddyf Damocles uwch fy mhen am sbel. Hoffwn ddatgan fy niolch i'r prifathrawon hynny wnaeth ysgrifennu geirda ar fy rhan am y gwaith cyflenwi wnes i yn eu hysgolion nhw. Hoffwn ddiolch hefyd i UCAC am eu cefnogaeth yn y mater yn enwedig Dilwyn Roberts-Young am ei waith dygn a chaled yn amddiffyn fy enw da. Doedd yr ysgol lle bu cwyn ddim eisie bod yn rhan o'r erlyn ac yn wir credent fod penderfyniad Bay Resourcing dros ben llestri'n llwyr. Yn wir, yr unig berson oedd yn ceisio cyfiawnhau'r cyhuddiad oedd prif weithredwr Bay Resourcing.

Ces nifer o brofiade hyfryd wrth gyflenwi. Yn Ysgol Pont Siôn Norton des ar draws un crwtyn bach annwyl iawn. Roedd gen i farf ar y pryd ac edrychwn yn debyg i Siôn Corn efalle, ond iddo fe Papa Smyrff own i. Yn yr iard chwarae fe redai ata i a gweiddi "Olreit, Papa Smyrff?". Ond yn yr ystafell ddosbarth, dangosai barch bob amser. Yn Ysgol Bronllwyn daeth merch fach o'r dosbarth derbyn ata i. Doedd prin ddim Cymraeg ganddi. "Who are you?" meddai yn acen gref cymoedd y Rhondda. "Dwi ddim yn siarad Saesneg," wedes i. "Who are you?" medde hi wedyn. Cafodd yr un ateb gen i. Gweles yr olwynion yn troi yn ei meddwl bach ifanc. A dyna hi'n trio rhywbeth gwahanol, yn yr un acen gref, "What's you name?". Vignettes bach annwyl sy'n profi i fi nad oedd bod yn athro cyflenwi'n wael i gyd, ac fe ges lawer o bleser o'r profiad.

Rhaid sôn fan hyn am y profiad ges i ar lwyfan yn chwarae rhan Capten Barti yn *Draw Dros Y Don* ym mhantomeim

Martyn Geraint. Perfformiad prynhawn yn y Muni ym Mhontypridd oedd e. Daeth rheolwr 'front-of-house' at Martin gydag enwe'r ysgolion oedd yn y gynulleidfa y prynhawn hwnnw. Un ysgol oedd Ysgol Gymraeg Bronllwyn a finne wedi bod yn cyflenwi yno. Pan ddaeth Capten Barti ar y llwyfan, a chofiwch, roedd 'da fi wallt hir fel Jack Sparrow, Johnny Depp a mwstash a barf tywyll, heb sôn am wisgo costiwm fawreddog môr-leidr, fe wnaeth y plant i gyd, pob jac wyn ddechre bloeddio "Bwwwww!" Doedd dim ffordd i'w tawelu. Amser am ad-lib felly. "REIT!!" gwaeddes i, "Mae fy ffrind, Mr Emrys, wedi dweud wrtha i amdanoch chi". Cododd merch fach ar ei thraed reit o flaen y llwyfan, pwyntio'i bys ata i a gweiddi nôl, "Mae ti YN Mr Emrys!" Sut ar y ddaear wnes i gadw'n hunan reolaeth, dwi ddim yn gwybod. Ond bendith arnoch chi blant Bronllwyn. Chi'n halen y ddaear.

Ces y fraint o weithio ddwy waith mewn panto gyda Martyn. Yn 2012, rown i'n chware tad Sinderela, Jordan, un o'r chwiorydd hyll ac ambell 'cameo' bach fel Tom Jones a Robbie Savage. Does 'never a dull moment' yn un o bantos Martyn. Ces gwmni Siân Davies, Carys John a Christine Pritchard ar y llwyfan a mawr fy niolch i Gareth 'Bont' Roberts, Emma Carey ac Izzy Harewood Williams am eu gwaith y tu ôl i'r llwyfan ac am eu cwmni gydol y daith.

Gofynnodd Martyn i mi chwarae'r dyn drwg yn ei banto yn 2013. Dyna sut daeth y Capten Barti i fodolaeth. Ar y daith honno ces gwmni'r actorion Siôn Emyr, Sioned Bessent a Ffion Glyn yn ogystal ag Ema 'Un M' Williams, Gareth Brierley ac Izzy unwaith eto. Roedd y ddwy daith yn bleser pur a braf nodi bod Liz wedi bod yn bresennol yn y gynulleidfa yng Nghaerdydd am y ddwy sioe a gweld ei gŵr yn gwneud ffŵl o'i hunan ar lwyfan. Pantos i ysgolion oedd sioeau Martyn ar y cyfan ac efallai bod fy mhrofiad yn yr ystafell ddosbarth yn ogystal â'm profiad fel actor wedi bod yn help mawr i fi. Ond, heb os, rhaid canmol Angharad Lee a Sara Lewis y cyfarwyddwyr y gwnes i weithio gyda nhw yn y ddwy sioe am eu cymorth ac yn bennaf eu hamynedd.

Rwy'n teimlo ar y cyfan i fi wneud y penderfyniad cywir ar ddechre'r 80au drwy adael y byd dysgu. Sylweddoles yn Ysgol Lewis i Ferched fod gwaith papur yn graddol dyfu'n bwysicach a phwysicach ac yn wir mae nifer o'm ffrindie sydd wedi aros yn y maes erbyn heddiw wedi syrffedu ar yr holl beth. Mae gormod o dincran ac ymyrryd wedi digwydd hefyd yn y proffesiwn ar hyd y blynyddoedd a does dim rhyfedd felly bod gymaint o athrawon yn gadael y proffesiwn neu hyd yn oed yn gorfod rhoi'r gorau iddi oherwydd straen.

Dylai'n llywodracthau osod mwy o bwyslais ar y rhieni. Dros y blynyddoedd mae 'in loco parentis' wedi dod i olygu bod athrawon yn gyfrifol am geisio atal y dirywiad yn safon y moesau cymdeithasol a chaiff orie eu gwastraffu'n ceisio rheoli plant yn hytrach na'u dysgu. Hefyd mae'r holl 'dablau cynghreiriau' ar gyfer ysgolion yn creu darlunie ffals i'r cyhoedd.

Does gen i ddim ond y parch mwya tuag at ein hathrawon a mawr obeithiaf y byddant yn y dyfodol yn cael y cyfle i fynd ati i ddarparu addysg i'n pobol ifanc heb ormod o ymyrraeth oddi wrth wleidyddion. Gobeithio hefyd y gwnaiff asiantaethe roi'r flaenoriaeth ar osod athrawon ar delere teg a haeddiannol yn hytrach nag ar greu elw i'w cyfranddalwyr.

PENNOD 23

Hawdd Cynnau Tân

PETH PERYGLUS YW darogan y dyfodol, yn enwedig mewn hunangofiant ond mae yna ddiweddglo diddorol ar y gweill wrth i fi agosáu at ysgrifennu'r bennod olaf yn fy llyfr. Sonies am fy nyweddïad ag Eleri Lenny pan own i a hi'n ifanc, bellach Eleri Hutchison yw hi. Ychydig fisoedd yn ôl fe gysylltes â hi drwy Facebook a threfnu cyfarfod am goffi i roi'r byd yn ei le. Doedd dim cymhelliad cudd, rown i'n awyddus i gyfarfod â hi er mwyn cymharu ein bywyde yn ystod y 37 mlynedd a aeth heibio ers i ni orffen ein perthynas. Fe weles hi yn Sain Ffagan am ryw bum munud, pum munud mewn 37 mlynedd, mond chwinciad chwannen mewn gwirionedd.

Penderfynodd y ddau ohonon ni y bydde hi'n syniad call cyfarfod am y tro cyntaf ar dir niwtral. Cyd-ddigwyddiad arall yn fy mywyd yw i Euros, fy ffrind gore o ddyddie coleg, ddewis fel partner Angharad John o Aberaeron. Menyw hyfryd a chanddi galon enfawr sydd yn digwydd bod yn un o ffrindie gorau Eleri. Rown i'n gwybod am hyn, wrth gwrs, ers sawl blwyddyn achos bydde Euros yn adrodd hynt a helynt Eleri wrtha i'n gymharol gyson. Er bod hyn yn dechre swnio'n debyg i sgript mewn drama, mae'n wir bob gair. Felly trefnwyd ein bod yn cyfarfod yn Aberaeron, fi'n aros gyda Euros ac Angharad yn rhoi llety i Eleri.

Yng nghegin Angharad yn Aberaeron roedd y tro cynta i fi gwrdd ag Eleri felly ers 37 o flynyddoedd, a'r cyfarfod wedi'i drefnu. Alla i ddim disgrifio pa mor nerfus own i ac erbyn hyn wy'n sylweddoli bod Eleri yr un mor nerfus. Eto i gyd ceson ni noson bleserus yng nghwmni'n gilydd a'n ffrindie yn yr Harbwrfeistr. Rhaid bod fy nerfusrwydd wedi cael y gore arna i gan i fi yfed tipyn bach yn ormod o San Miguel. Wedi coffi yn nhŷ Angharad daeth hi'n amser woblo gartref i dŷ Euros yn canu a chwerthin nerth ein penne. Rown yn hapus o weld sut y datblygodd y noson achos fe drefnon ni gwrdd â'r merched am frecwast fore drannoeth. Yn y caffi hwnnw yn Aberaeron fe drefnodd Eleri a finne gyfarfod arall yng Nghaerdydd. Roedd 'da ni ffrindie yn byw yn Rumney, sef yr hen bartneriaid drygionus, Nev ac Ange Poole. Cytunon ni eu cyfarfod am noson o gyri yn yr Empire Balti ychydig wythnose'n ddiweddarach ac fe drefnon ni ein bod yn gwahodd Julie Sanders, ffrind arall o ddyddie Cyncoed, i ymuno â ni.

Roedd hi'n noson hwylus iawn ac fe ddiflannodd ambell botelaid o win yn ystod y noson. Drannoeth trefnes gwrdd ag Eleri yn y Bae am goffi. Yno mae mab Eleri, Trystan, a'i wejen Bex yn byw, felly roedd Eleri'n lladd dau aderyn ag un garreg gan y câi gyfle i ymweld â nhw. Am fod penne tost gan y ddau ohonon ni doedd hi ddim yr amser mwya delfrydol i ddau berson gyfarfod â'i gilydd ar eu pen eu hunain am y tro cynta ers blynyddoedd lawer. Fe wnaethon ni fwynhau'r coffi a'r sgwrs er doedd y 'penmaenmawr' ddim lot o help. Rwy'n credu i Eleri sylweddoli hyn ac fe ges wahoddiad ganddi i fynd i aros yn ei chartref yn Llansteffan am benwythnos ymhen ychydig.

Ces neges arall oddi wrthi'n fuan wedyn yn gofyn a fydde ots 'da fi gwmni plant bach. Dwedes wrthi 'mod i mas o bractis gan fod y ddau sydd 'da fi yn oedolion bellach, ond bydde pob dim yn iawn. Roedd hi'n gofalu am ei hwyres, Alice ar y diwrnod rown i fod gyrraedd Llansteffan, sef merch mab arall Eleri, Ben, a'i wejen Gerlinde.

Pan gyrhaeddes, penderfynon ni fynd am dro yn y car, gan aros i fynd am wâc yn Nhalacharn. Rhoiodd Eleri Alice yn ei phram ac aethon ni am dro ar y llwybr ger y castell at gartref Dylan Thomas – y Tŷ Cychod enwog. Fe ddywedes wrth Eleri nad own i wedi dychmygu yn nyddie'r coleg y bydden ni'n dou'n cerdded gyda'n gilydd yn gwthio pram. Roedd yn deimlad braf, rhaid cyfadde, ac roedd yn bleser cael bod yng nghwmni Alice. Plentyn hapus ei byd, yn gwenu drwy'r amser.

Yna aethon ni ymlaen i draeth Ginst Point sydd hefyd yn cael ei adnabod fel Traeth Talacharn, lle mae'r Weinyddiaeth Amddiffyn yn berchen ar 'Firing Range'. Pen pella traeth Pentywyn yw'r traeth mewn gwirionedd, felly sdim rhyfedd fod sawl ymgais i dorri record y byd ar dir wedi digwydd ar y traeth hwn. Down i erioed wedi bod ar y rhan yma o'r arfordir o'r blaen ac ni allwn ond rhyfeddu at y golygfeydd wrth edrych nôl at Dalacharn ac i gyfeiriad Llansteffan a Bro Gŵyr. Roedd hi'n ddiwrnod braf, yr awyr yn glir ac fe ges lot o hwyl wrth dynnu ambell lun o Eleri'n gwthio Alice yn ei phram ar y traeth. O un ongl edrychai fel se hi'n cerdded yn y Sahara gan fod y traeth yn anferth.

Yna, aethon ni ymlaen drwy Pentywyn, Amroth, Wiseman's Bridge a stopio yng Ngwesty St Bride's, Saundersfoot er mwyn mwynhau'r olygfa fendigedig o'r teras ond yn benna er mwyn bwydo Alice. Wrth fwynhau'n coffi fe ddigwyddes daro ar draws rhai o ffrindie anwylaf fy nhad a chydaelodau yng Nghapel Heol Awst. Mr a Mrs I B Bowen. Mae eu merch, Gwenan yn briod â'n ffrind gore yn yr ysgol gynradd, Huw James. Down i heb eu gweld ers blynyddoedd lawer, sy'n ddigon cyffredin wrth i ddyn adel ei gynefin. Yn wir, rown i wedi anghofio pa mor brydferth oedd yr ardal gan nad own i wedi bod yno ers own i'n grwtyn ysgol.

Ychydig wythnose wedyn fe ddaeth Eleri lawr i aros yng Nghaerdydd. Ces gyfle i gyfarfod â Trystan, y mab ifanca a'i wejen Bex, am y tro cynta. Roedd yr ymweliad â nghartre i'n anodd i Eleri mae'n rhaid. Roedd llunie o Liz ymhobman, yn naturiol, felly rhaid oedd ei argyhoeddi na fydde hi mewn cystadleuaeth â hi a phwysleisio bod yr amgylchiade wnaeth fi'n berson sengl yn dra gwahanol i'w rhai hi. Mae Eleri'n fenyw gall iawn a chanddi egwyddorion cryf ac erbyn hyn mae'n deall y sefyllfa'n iawn a'n perthynas yn cryfhau'n araf bach bob tro y byddwn yn cyfarfod.

Cawsom gyfle i fwynhau penwythnos yn Windsor yng nghwmni Ben, Gerlinde ac Alice. Roedd y teulu bach o San Clêr yn mynd i briodas ffrindie yn agos i Slough a chawsom gyfle i fwynhau hoe fach yng ngardd gefn un o dai haf 'Her Maj'. Fe sylweddolon ni'n gyflym iawn fod y gwesty reit o dan brif 'flight-path' Heathrow. Gan nad oedd yr 'air-con' yn yr ystafell yn arbennig o effeithiol gorfod i ni gadw'r ffenestr ar agor, felly doedd dim angen cloc larwm arnon ni i ddihuno yn y bore.

Bellach, mae bechgyn Eleri wedi fy nerbyn wedi i ni fwynhau cwmni'n gilydd sawl gwaith dros gyfnod Euro 2016. Roedd llwyddiant tîm Cymru wedi gafael ynon ni fel pawb arall yn y wlad ac mae'r ffaith bod y bois yn cefnogi Cardiff City yn help mawr hefyd. Beth petaen nhw'n gefnogwyr y Swans? Fe fwynheies y dathliade a'r awyrgylch drydanol yn nhafarn Y Castell, Llansteffan ac yn Yr Hen Lyfrgell Caerdydd. Yr unig gnec, wrth gwrs, oedd i ni golli yn erbyn y tîm gwaetha yn y gystadleuaeth – Lloegr. Gyda fi'n gwylio'r gêm y diwrnod hwnnw roedd Sam, William Gwyn, Prys a Hywel Owen. Roedd Cymru'n anlwcus i golli ond perfformiad amddiffynnol oedd e'n bennaf, er i ni ga'l gôl arbennig gan Gareth Bale. Fe wnaeth Gwlad yr Iâ dalu'r pwyth yn ôl droson ni wrth gwrs, gêm wnes ei mwynhau yn enwedig gan fo Gunnarsson, y capten yn chware i Gaerdydd a Sigurdsson i Abertawe, ac roedd y ddau ar dân. Roedd Gwlad yr Iâ hefyd yn *#gryfachgydangilydd*.

Trwy fendith, mae Ffion a Sam wedi cymryd at Eleri. Dwi'n sylweddoli ei bod hi'n anodd iddyn nhw a hwythe wedi colli eu mam, ond ma'r ddau'n derbyn nad cymryd lle Liz mae hi ond bod Eleri yn rhan bwysig o'r drefn newydd mae'n rhaid i ni ei hwynebu. Rwy'n hynod o browd o'r plant. Maent wedi dangos dewrder a chryfder cymeriad yng ngwyneb un o'r profiade mwyaf anodd y gall unrhyw blentyn ei wynebu sef colli mam yn ifanc iawn.

Ffion, Sam, Ben a Trystan, rwy'n rhagweld y bydd y pedwar yn chwarae rhan bwysig yn fy nyfodol. Efallai 'mod i'n gwahodd anlwc drwy ysgrifennu hyn – ond yn ôl yr hen ddywediad Cymraeg, mae'n haws cynnau tân ar hen aelwyd. Ymddengys ar hyn o bryd fod hyn yn wir wrth gyfeirio at fy mherthynas newydd i ac Eleri. Dwi'n ddyn lwcus iawn.

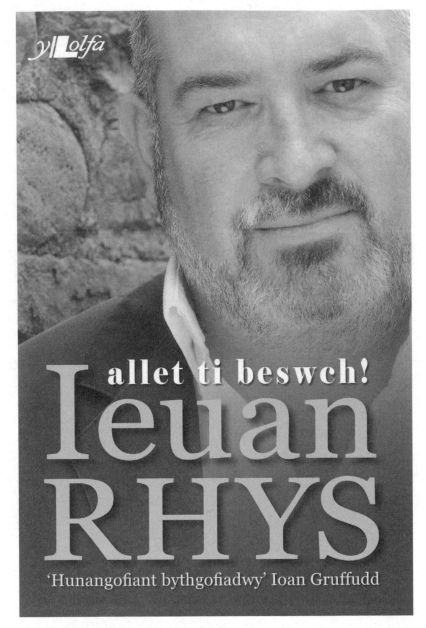

yLolfa

allet ti beswch!

Ieuan

RHYS

'Hunangofiant bythgofiadwy' Ioan Gruffudd

£9.99

Gwyn y Mans
Gwyn Elfyn
Hunangofiant

Am restr gyflawn o lyfrau'r Lolfa, mynnwch
gopi am ddim o'n catalog
neu hwyliwch i mewn i'n gwefan

www.ylolfa.com

lle gallwch archebu llyfrau ar-lein.

yLolfa

TALYBONT CEREDIGION CYMRU SY24 5HE
ebost ylolfa@ylolfa.com
gwefan www.ylolfa.com
ffôn 01970 832 304
ffacs 832 782